実戦
ロジカルシンキング

ビジネスで成果を上げる本当に使える思考法

日沖 健 著

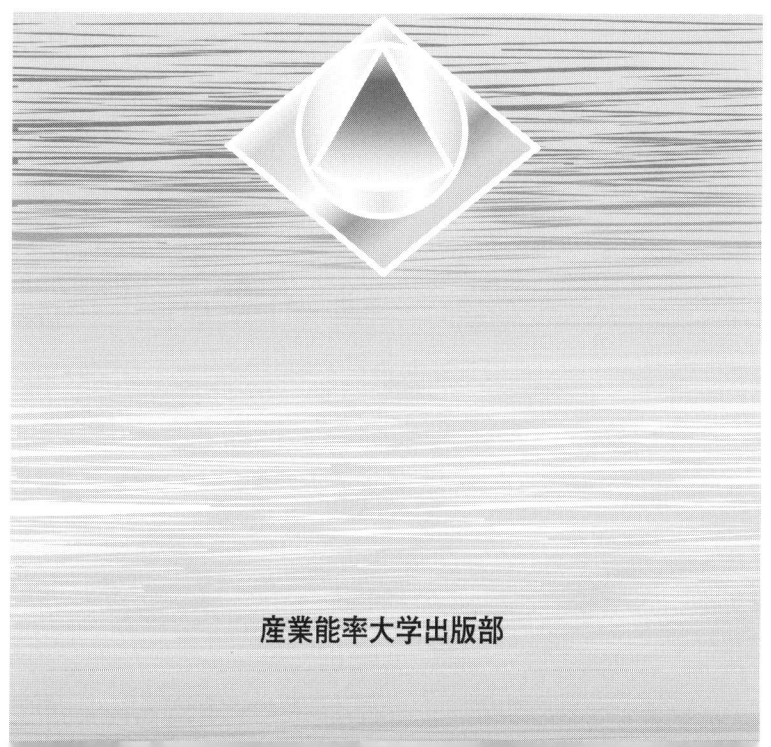

産業能率大学出版部

はじめに

1　ビジネスと思考

　本書は、ロジカルシンキング（論理的思考）の基本とビジネスへの応用を紹介します。

　近年、ビジネスパーソンの基本スキルとして、ロジカルシンキングが注目を集めています。英語で言うと難しく聞こえるかもしれませんが、ロジカルとは「論理的」、シンキングとは「思考」です。「論理的に物事を考えよう」ということです。

　われわれの生活は、思考という作業で成り立っています。日常生活では、"週末何をして過ごそうか"から、"老後の資金をどう蓄えるか"といった問題まで、あれやこれやと考えます。ビジネス生活では、"どういった手順で仕事を進めて残業せずに済ませるか"、"いかに見込み顧客にアプローチして売上を増やすか"など、考えをめぐらします。ワープロを打ったり機械を操作しているときも、手を動かす何十倍ものスピードで頭を働かせています。

　とくにビジネスでは、考えることが重要です。決められたことを何も考えずにひたすら実行する部分もありますが、考えること、判断することの連続です。"売上を増やすためにどういう手を打つか"、"作業ミスをどう減らすか"など、ビジネスとは思考の連続です。

　ビジネスを取り巻く状況が複雑になるほど、あるいはビジネスパーソン個人の役割が大きくなるほど、思考という作業が重要になってきます。しっかり物事を考えず何となく惰性で仕事をしている人は、ビジネ

スで大きな成果を実現することはできません。

この思考という作業を効果的にするのが、ロジック（論理）です。ロジカルシンキングが何であるかは本文で説明しますが、要するに「筋道を立てて考えること」です。混沌とした状況でも、筋道立ててしっかり考え、分析すること、また考えた結果を明確にわかりやすく主張することによって、ビジネスにおいて大きな成果が得られるのです。

2　本書の特徴──「ビジネス」「実戦」

本書は、ロジカルな思考法を身につけ、それをどうビジネスで活かすかを解説します。

思考では、持って生まれた頭の良さも重要な要素です。最近、「地頭力（じあたまりょく）」などと言われるように、頭のデキが根本的に違う天才は確かにいます。しかし、同時に思考は、習慣・テクニックでもあります。基本的な考え方やテクニックを学ぶ、日ごろから考えることを心がけることによって、思考は効果的・効率的になります。ロジカルシンキングを学ぶことの意義は大きいのです。

ロジカルシンキングについての書籍は、すでにたくさん書店に並んでいます。そういった状況の中で本書を世に問うのは、大きく2つの理由があります。

一つは、既存の書籍には、ビジネスに的を絞ったものが意外に少ないことです。大学の先生などが学生向けに書いた難しそうな「論理学」の教科書や、コンサルタントなどビジネスの専門家が書いた一般の社会人向けでも、"頭の体操"的なものが目立つのが現状です。

本書はビジネスに焦点を絞り、ビジネスで起こる状況を題材にロジカルシンキングを学びます。ビジネスで問題になる事柄を重点的に扱う一方で、標準的な「論理学」のテキストで扱われている内容でも、ビジネ

スにおいてそれほど重要でないものは思い切って割愛します。

　もう一つは、既存の書籍はロジカルシンキングがどういうものか、という内容の説明が中心で、それをいかに活用するか、という実践の部分が不足していることです。

　ビジネスに限ったことではありませんが、物事を「理解する」こととそれを「実践する」ことは結果に大きな差があります。本を読んで十分に理解したつもりでも、なかなか実践できないことがよくあります。

　書名に、「実戦」と銘打っています。良くも悪くもビジネスは戦いであり、ビジネススキルを学ぶからには、やはりそれを使って一定の戦果が上がることが大切です。理解するだけでなく、実際のビジネスでどのように戦果を上げるか、というところまで、できるだけわかりやすく解説します。

　以上、「ビジネスに的を絞ること」、「理解するだけでなくいかにビジネスで使うか、実戦に力点を置くこと」が本書の特徴です。

3　対象読者─ビジネスパーソン

　本書の対象読者は、ビジネスパーソンです。ビジネス生活をより良くしたい、ビジネスでより大きな成果を上げたい、と願う人たちです。そういう人たちにとって、ロジカルシンキングは強力な武器になるでしょう。

　とくに組織を導くリーダーの立場の方、あるいは将来リーダーを目指す方には、是非本書をお読みいただきたいと思います。一昔前までよく「お神輿経営」と言われたように、事業環境が安定し、何が起こるかかなり先まで見通せた高度成長期のような時代には、ロジカルでもそうでなくても、ビジネスの成果に大きな違いはありませんでした。

　ところが、現代のような変化の激しい"答えのない時代"には、自分

の頭でゼロから考えることが重要になってきます。宅急便を生み出したヤマト運輸の故小倉昌男さんは、リーダーの絶対条件として「ロジカルであること」を挙げています。

　また、新入社員など若手のビジネスパーソンの方にも、本書をお読みいただきたいと思います。ロジカルシンキングがビジネスで本当に役立つのは、難しい判断が要求されるリーダー・管理職クラスの人たちです。ただし、社会人生活の初期段階でロジカルな考え方・スキルを身につけることは、その後の長いビジネス生活を必ずや豊かなものにしてくれるはずです。正しい基本は、早く学ぶに越したことはありません。

　私は、産業能率大学マネジメント大学院の授業、中小企業大学校の研修、企業・自治体を対象にした研修・セミナーなどで、ビジネスパーソンを対象にロジカルシンキングを教えています。これまでの受講者は数千人に達します。手前味噌になりますが、受講者からは「わかりやすい」「ビジネスで使える」とご好評をいただいています。本書では、授業や研修・セミナーでお伝えしていることをベースにして、読者の皆さんのビジネス生活を変える材料を提供してまいります。

4　本書の構成

　本書の構成は、以下のとおりです。
　第1章では、本書のスタートにあたり、ビジネスにおいてなぜロジカルであることが重要なのかを確認します。われわれのビジネス生活は勘や経験に支配され、考えているようで実はあまり考えていません。ロジカルシンキングによって問題解決やコミュニケーションなどのスキルがアップし、ビジネスの成果が飛躍的に高まります。
　第2章では、論理展開について学びます。論理展開とは主張と論拠の関係のことで、演繹法・帰納法の2つの展開方法があります。説得力の

ある主張をするためには、この演繹法・帰納法の考え方を知り、どのようなときに展開がつまずくかを理解する必要があります。

第3章では、因果関係の把握について検討します。ビジネスの状況を分析するとき、ある事柄と別の事柄がどういった関係になっているかを整理します。いろいろな関係の中で、問題解決と関連する因果関係がとくに重要です。因果関係とその他の関係の違いなどについて学びます。

第4章では、複雑な事柄を分析・説明するために、情報を構造的に整理する方法について考えます。複雑な事象を整理するには、基準に基づいて事象を分類したり、モレとダブリのないことを意識し、階層構造を作り出すことが重要です。

第5章では、推論と思考法を学びます。整理し、まとめる第4章の内容とは逆に、ある事実からアイデアを発展させたり、角度を変えて考える思考法を学びます。

第6章では、問題解決への応用を検討します。複雑な問題を解決するには、プロセスを踏んで問題解決を進める必要があり、その過程で原因や解決策を体系的に整理する論理技法が威力を発揮します。

第7章では、コミュニケーションへの応用を検討します。コミュニケーションの中でも「話す」「書く」という伝達を中心に、明確な構造を作り出し、わかりやすい表現でメッセージを構成することを学びます。また、ロジカルに「読む」「聞く」技法についても少し紹介します。

さらに付章として、ロジカルシンキングの鍛え方を紹介します。優れたリーダーがいかにして思考力を高めているかを紹介し、ビジネス生活・日常生活での参考にしていただきます。

本書は、基本から応用、発展へという進行になっています。第3章までが「基礎」、第4章と第5章が「やや応用」、第6章と第7章が「発展」とお考えください。

各章では、ビジネスでの実例をたくさん紹介するとともに、例題・演

習をたくさん取り入れています。演習については、P.161以降に解答例を付していますので、確認してください。

　また、実際に読者のビジネスにどう適用するかを考えていただくために、随所に「チャレンジしてみよう」という課題を設定しています。ただ「フーン、そうか」と思いながら読むのではなく、実際のビジネスについて考え、手を動かしながらお読みいただくと学習効果が上がるはずです。

　本書によって読者は、ロジカルな考え方とは何であるか、それをビジネスでどう実践すればよいかを無理なく理解し、ビジネスの現場で実践していただけるはずです。

　本書を読まれた皆さんが、ロジカルな思考能力を高め、素晴らしいビジネス生活を送られることを期待します。

目　次

はじめに……… i
　1　ビジネスと思考……… i
　2　本書の特徴−「ビジネス」「実戦」……… ii
　3　対象読者−ビジネスパーソン……… iii
　4　本書の構成……… iv

第1章　なぜロジカルでなければならないか ——— 1

　1　ロジカルですか……… 2
　2　ロジカルシンキングを求める環境の変化……… 5
　3　ロジカルだと何が変わるか……… 10
　4　思考とは何か……… 13
　5　論理とは何か……… 15
　6　ロジカルシンキングとは？……… 16
　7　ロジカルシンキングの限界−正当性、創造性、説得性……… 17

第2章　論理展開 ——— 21

　1　ビジネスと論理展開……… 22
　2　演繹法……… 24
　3　帰納法……… 28
　4　演繹法と帰納法の関係……… 31
　5　論理展開の誤り……… 37

第3章　因果関係の把握 ——— 45

　1　事象間の関係と問題解決……… 46
　2　事象間の関係……… 47

3　因果関係の成立条件……… 49
　　4　わかりにくい因果関係……… 54

第4章　論理の構造化 ──────────── 61

　　1　なぜ構造化するのか……… 62
　　2　グルーピング……… 62
　　3　MECE……… 65
　　4　フレームワークの活用……… 69
　　5　ディメンジョン……… 71
　　6　構造化のアウトプット……… 73

第5章　推論と思考法 ──────────── 75

　　1　推論とは……… 76
　　2　推論の価値……… 77
　　3　ファクトベース……… 79
　　4　フェルミ推定……… 82
　　5　思考のパラダイム……… 84
　　6　思考の三原則……… 85
　　7　ゼロベース思考……… 87

第6章　問題解決 ──────────── 91

　　1　複雑な問題に対処する……… 92
　　2　問題解決プロセスと論理技法……… 94
　　3　イッシューの把握……… 96
　　4　原因究明とWhyツリー……… 101
　　5　解決策立案とHowツリー……… 105
　　6　一義的に決定する……… 108
　　7　デシジョンツリー【参考】……… 110

第7章　コミュニケーション ──────── 113

1　手段としてのコミュニケーション……… 114
2　コミュニケーション・プロセス……… 115
3　わかりやすいメッセージ……… 118
4　ロジカルなメッセージの構成……… 119
5　論理ピラミッド……… 124
6　わかりやすい表現……… 131
7　ロジカルリーディング……… 138
8　ロジカルリスニング……… 144

付　章　ロジカルシンキングを鍛える ──────── 149

1　世の中の動きに関心を持つ……… 151
2　原因と影響を調べる……… 152
3　考えて、持論を形成する……… 153
4　持論をまとめ、持論を公開し、議論を戦わせる……… 154
5　ネットワークを構築・維持する……… 156
6　固い本を読む……… 157
7　自分の行動を振り返る……… 159

演習の解答・解説 ──────── 161

おわりに……… 183

索　引……… 185

第**1**章

なぜロジカルでなければ
ならないか

　本章では、本書のスタートにあたり、ビジネスにおいてロジカル（論理的）であることがなぜ重要なのかを確認します。ビジネスの環境が複雑になるにつれて、ビジネスパーソンは勘・経験に過度に依存せず、ロジカルに考え、行動するよう迫られています。ロジックとは「筋道を立てること」であり、ロジカルシンキングを学ぶことによって、問題解決やコミュニケーションといったスキルが高まります。

① ロジカルですか

　読者の皆さんには、本書によってロジカルシンキングを身につけ、ビジネスの効果・効率を上げていただきたいと思います。ロジカルシンキングとは、簡単に言うと「筋道を立てて考えること」です。

　「そんなこと当たり前じゃないか」「いつも論理的に考えているよ」と言う方も中にはいらっしゃるかもしれません。

　しかし、本当にそうでしょうか。次の例について考えてみてください。

| 例 | ロジカルですか |

　損害保険会社の契約審査課に勤務する若手社員の山中君は、審査業務のプロセスに無駄が多いことに気づきました。事故情報や審査業務の進捗状況が課内で共有されておらず、ある課員はどうしようもなく忙しい一方、別の課員は暇をもて余している、ということが頻繁に起きています。

　山中君は、解決策を考えました。現在は書類ベースの情報のやりとりになっていて、前のプロセスが完了して書類が渡されないと次のプロセスの仕事が始まらない仕組みです。であるならば、プロセス間で情報を共有して、書類がこなくても仕事を始められる仕組みにすればよいではありませんか。山中君は、早速システム部の知り合いと相談して、審査プロセスをグループウェアで管理することを考えました。

　山中君は、2週間かけてこのアイデアを検討し、業務改善提案書としてまとめ上げました。そして、意気込んで直属の田中課長に提出しました。

　ところが、結果はさんざんでした。提案書にさっと目を通した田中課長は、渋い顔を崩しません。「こんなの全然ダメ。もうちょっと考えたら」と言い、計画書を山中君に突き返しました。

> 「どこがいけないでしょうか？」と山中君が尋ねると、田中課長は、「ダメなものはダメなの。お前ホントわかってないね」とぶっきら棒に言い放ち、別の会議のためにさっさと席を立ってしまいました。

どうでしょうか。職場で日常的に起こる状況ではないかと思います。

山中君は不満です。せっかく苦労して提案書を作成したのに、理由の説明がなく頭ごなしに断られたからです。自分のどこが悪かったのかはっきりせず、これからどうしてよいのかわかりません。

一方、田中課長も不満です。山中君の提案書は、「審査プロセスが平準化されておらず、時間と労力の無駄が発生している」という問題点と「グループウェア上に事故情報と作業の進捗状況を掲示して共有する」という提案が懸命に書き綴られているだけで、「他に問題点はないのか」「他の代替案と比較してグループウェアは有効なのか」「実施に必要な予算・設備・人員は？」「どのような実施プロセスをとるべきか」「期待される効果は？」といった疑問についての検討が一切行われていなかったからです。

この例では、山中君も田中課長も不満でした。その原因は、簡単に言うと、二人とも「論理的に問題を考えていなかった」「論理的なコミュニケーションを心がけていなかった」ということです。山中君は自分の提案がなぜ正しいか、なぜ有効なのかについて、詳細に根拠を示して提案するべきでした。一方、田中課長は、山中君の提案に何が足りないかをわかりやすく教えてあげるべきでした。

ここで論理（ロジック）とは、「**論（主張・認識）を理（理由・根拠）とともに示す**」と考えることができます。他にも難しい定義はありますが、ここでは、この程度の簡単な理解に留めておいてください。あることを主張するとき、主張を相手に納得してもらうためには、適切な理由が必要です。理由もなく、ただ声高に主張するのは、子供が駄々をこね

るのと同じです。

　ビジネスは、問題解決の連続です。さまざまな問題を発見し、「自分はこうしたい」「こうするべきだと思う」という意見・アイデアを形成します。そして、自分ですべてを行うわけでなく、関係者を説得して協力しながらあるべき方向へと進めていきます。

　例えば、「コストが高い」「製品が売れない」という問題を発見したら、「生産工程を合理化すべきだ」「プロモーションに金をかけるべきだ」といった意見（仮説）を形成し、その根拠を示すことによって、組織としての合意を得て解決に向けて進んでいくわけです。ビジネスで成果を上げるためには、筋道を立てて考えるとともに、その結果をただ主張するのでなく、その根拠を示す必要があります。つまり、仕事の進め方はロジカルでなければなりません。

チャレンジしてみよう

　あなたは、ロジカルですか、ロジカルではないですか。

　次のチェックリストはビジネスや日常生活で、ロジカルかどうかが現れるポイントを挙げています。現時点でのあなたの論理的思考力のレベルを確認してみてください（あくまでセルフチェックなので、点数の結果はあまり気にせずにチャレンジしてみてください）。

---

①から⑨の各質問に次のＡＢＣから解答してください。
　「Ａ：当てはまる」「Ｂ：少し当てはまる」「Ｃ：当てはまらない」

① 話が長い、回りくどい、と人から言われる。　　　　　　　□

② 意見が対立したとき、「足して2で割る」ような決定をすることがある。　　　　　　　□

③ 長く話していると、話の途中で自分が何について話しているのか忘れてしまうことがある。　　　　　　　□

④ 質問がうまい、と人から言われる。　　　　　　　□

⑤ 新聞や雑誌は、見出し・目次にざっと目を通してから本文を読む。

⑥ たくさんの人と出会ったとき、その人たちを何か基準でグループに分類しようとする。

⑦ 文章を書くとき、だいたい制限字数を守って書くことができる。

⑧ 相手が話すのを聞くとき、「結局結論は何だろう?」と考えながら聞くようにしている。

⑨ 不透明な事態に遭遇したとき、仮説を考えるのが得意だ。

＜解答の集計＞

合計点

・①②③については、A→0点、B→1点、C→2点
・それ以外は、A→2点、B→1点、C→0点

13点以上・・・理論的思考力にたいへん優れています。
7〜12点・・・標準的な論理的思考力です。
6点以下・・・論理的思考力に大いに改善余地があります。

❷ ロジカルシンキングを求める環境の変化

　近年、ロジカルシンキングがビジネスパーソンの必須スキルと言われるようになっています。ビジネスにおいて「筋道を立てて考えること」が重要になっている背景には、企業・組織を取り巻く内外の環境に、次のような変化が起こっているからです。

(1) 情報過多

　90年代半ばから、猛スピードで情報化・IT革命が進みました。世界中の情報が一瞬にして手軽に入手できるようになり、ビジネスの進め方を大きく変えています。

　かつては、市場や競合の事情があまり詳しくわからず、限られた情報

の中でとにかく経験的・直感的に決めることがよくありました。例えば、電機メーカーが新しいエアコンを出す場合、過去の自社の類似製品でのいろいろな経験やモニターの意見など限られた情報を頼りに、半ば「エイッ、ヤッ」と決めました。あるいは、ライバルを出し抜くために、情報収集に多大な人・手間・資金を掛けました。

　ところが、情報化が進んだ今日では、意思決定に必要な情報を簡単に集められます。電機メーカーは、新製品について市場のトレンドや競合の動きを察知し、広く潜在顧客の声をダイレクトに集めマーケティングに反映させることができます。情報がないから決められない、ということは断然少なくなりました。これは、会社レベルだけでなく、個人の業務レベルでも同じでしょう。

　必要な情報が苦もなく集まるのは素晴らしいことですが、新たな問題が生まれました。情報が集まりすぎて、玉石混交の情報があふれる"情報の洪水"というべき状況です。何が意思決定に重要な情報なのかがわかりにくくなり、かえって意思決定が難しくなりました。

　情報化が進むと早耳情報でライバルを出し抜くのは難しくなり、情報それ自体はあまり重要でなくなる"情報化のパラドックス"というべき状況になります。この状況では情報を集めることよりも、情報収集の前提となる仮説を作る能力、重要な情報とそうでない情報を見わける能力、情報の分析から価値あるアクションを作り出す能力が重要になってきます。つまり、情報収集という手を動かす作業よりも、情報の整理・分析という考える作業が重要になってくるのです。

(2) 複雑な問題

　ビジネスでは環境変化に対応するために、さまざまな問題解決をします。工場の製造プロセスを改善する、研究開発の生産性を高める、風通しのよい組織風土を作るなど、ビジネスは問題解決の連続です。

問題解決のあり方がビジネスにおいて重要であることは、昔も今も変わりません。ただし、多くの企業・組織において、かつてと比べて対処すべき問題が複雑になり、問題解決が難しくなっています。

90年代以降、世界中のあらゆる地域のあらゆる業種で、企業の経営環境が激変しました。先ほどのIT革命だけでなく、グローバル化、規制緩和、地球環境問題といった劇的な変化が、まさに加速度的に押し寄せています。企業にとって、かつてない機会が現れると同時に、対処すべき問題は複雑化しています。

例えば、かつての自動車メーカーは、走行性・耐久性といった性能のよい車を安く作れば、消費者は黙って買ってくれました。しかし、今日、そうしたニーズに加えて、成熟した消費者の感性に訴えるとともに、地球環境にやさしい車が求められるようになっています。自動車という製品への要求は、どんどん高度化しています。

こうした新しい経営環境では、過去の問題解決で役立った経験と勘が必ずしも役立ちません。何が問題になっているのか、何が原因でどう対処すればよいのか、じっくり考え、創造的に問題を解決する必要があります。問題解決においても、考えることの重要性が増しています。

(3) ローコンテキスト

組織内部に目を向けると、組織文化や人間関係のあり方も、この10年くらいで大きく変わりました。

多くの日本企業は、中高年男性正社員を中心として、お互いが相手をよく知り合っている共同体的な組織でした。職場の仲間が力を合わせて仕事をし、終業の鐘が鳴ると、一緒に仲良く飲みに行き、コミュニケーションを深めるという文化です。この濃密な関係の仲間組織では、物事をいちいち丁寧に説明を受けなくても、相手が言いたいこと、主張したいことをだいたい肌で感じとることができました。

ところが、近年職場に女性、外国人、派遣社員・パートといった"異邦人（中高年男性社員から見た）"が増え、組織の構成員が多様化しています。多様化した組織では、阿吽の呼吸が通用しにくくなり、「それ、いつものように、あそこによろしくね」というような会話は成り立たなくなっています。

つまり、日本の組織は、阿吽の呼吸が通じる関係、いわゆる「ハイコンテキスト（hight context）な関係」から、構成員同士が機能的に希薄に繋がっている「ローコンテキスト（low context）な関係」に変わっています。

ローコンテキストな関係では、当たり前と思えることでもちゃんと筋道立てて説明しないと、コミュニケーションが成り立ちません。主張と理由をきちんと示すロジカルなコミュニケーションが重要になってくるのです。

> **演習1** あいまいな表現
>
> 次の文章には、何とおりかの解釈が考えられます。考えつくものをすべて列挙してください（図を使わず、文章で表現してください）。
> 　　　　＊　　＊　　＊　　＊　　＊
> 「私は山田課長と後藤さんのお嬢さんに会った」

この場合、4とおり以上の解答が考えられます（解答例は末尾の「演習の解答・解説」を参照してください。以下同様です）。非常にあいまいな表現ですが、ではそれによってコミュニケーションに困るかというと、おそらくそうではないでしょう。次のように、まったく問題なく会話が通じます。

「昨日、山田課長と後藤さんのお嬢さんに会ったよ」

「ああ、そう？　お嬢さんは元気だった？」

　なぜ問題なく会話が通じるかというと、会話の当事者は、「山田課長」「後藤さん」「お嬢さん」がどういう関係にあるかを共有しているからです。しかし、ローコンテキストな組織になると、こういうコミュニケーションは成立しにくくなり、筋道立てて説明する必要があります。

　以上のように、明らかに、われわれのビジネスを取り巻く状況は大きく変化しています。ここでは「情報過多」「複雑な問題」「ローコンテキスト」という3つを取り上げましたが、それ以外にもいろいろな変化が目まぐるしく起こっています。それによって、これまでのようにKKD（勘・経験・度胸）が通用しにくくなり、頭を使って筋道立てて考えてビジネスを進めることが大切になっています。ビジネスパーソンには、KKDからロジックへという対応が求められているのです。

●図表1-1　ロジカルシンキングを求める環境の変化

これまで	これから
限られた情報	情報過多
単純な問題	複雑な問題
ハイコンテキスト	ローコンテキスト
勘・経験・度胸！	ロジック！

> **チャレンジしてみよう**

　あなたの所属組織では、情報過多・複雑な問題・ローコンテキストという変化は起こっているでしょうか。そうした変化が組織やあなたのビジネスにどう影響しているかを確認してください。

❸ ロジカルだと何が変わるか

　ロジカルシンキングを身につけ、実践することによって、環境変化に的確に対応し、効果的・効率的にビジネスを進めることができるようになります。

　具体的には、次のようなビジネススキルが高まります。

(1) 情報の整理・分析

　われわれのビジネスは、情報をインプットし、それを加工して情報をアウトプットするプロセスと見ることができます。

　例えば、食品メーカーの営業担当者が新製品を売る場合、まず、自社の製品の特徴、消費者のニーズ、競合他社の動向といった情報をインプットします。インプットした情報を整理・分析し、どういう手を打つべきかを考えます。そして、代理店へのリベート・プログラム導入といったマーケティング施策をアウトプットとして実施します。

●図表1-2　ビジネスのプロセス

市場 競合 自社 → インプット → 加工（整理・分析） → アウトプット → マーケティング施策

実際に新製品が売れるかどうかは、情報を的確に整理・分析できたかによって大きく左右されるでしょう。消費者のニーズを的確に整理・分析し、組織の目標や経営資源を勘案して施策を考えなければ、成果は期待できません。

日常の何気ない業務でも、われわれはこうした情報処理を絶えず行っています。ロジカルシンキングを身につけ、情報を体系的に整理・分析できるようになると、ビジネスの効果・効率が高まります。

(2) 問題解決

ビジネスは、問題解決の連続です。工場の生産ラインがストップした、主力商品の売上が落ち込んでいる、有望な部下が退職願を出してきた、等々の問題が次々と発生します。問題をいかに創造的に解決できるかが、組織の、ビジネスパーソンの成果を左右します。

繰り返して起こるような単純な問題ならば、勘と経験で、即座に課題・原因・解決策がわかるでしょう。ところが、複雑な問題やこれまで経験したことのない問題になると、なぜ問題が発生しているのか、どういう手を打てばよいのか、簡単にはわかりません。

先ほどの (1) 情報の整理・分析とも大いに関係しますが、複雑な問題や未経験の問題を解決するには、組織・ビジネスパーソンにとって重要な問題を把握し、原因を突き止めて、解決策を策定し、実行する必要があります。この問題解決プロセスにおいて、課題の把握、原因究明・解決策立案を体系的に実施するには、ロジカルシンキングの考え方・技法が大いに役立ちます。

(3) コミュニケーション

われわれのビジネスは、上司・同僚・顧客・パートナーといった組織内外の利害関係者（Stakeholder）とのコミュニケーションによって進

みます。(1)情報を分析・整理する、(2)問題解決策を作り出すことは重要ですが、その作業を組織の仲間と協力して進めたり、その内容を関係者に伝えて働きかけていく必要があります。ビジネスで大きな成果を上げるには、他者と意思疎通するためのコミュニケーションが重要です。

　家族や友人、あるいはビジネスでも毎日顔を合わせている同僚でしたら特別に気を遣わずとも、場の雰囲気でだいたいのことがきちんと伝わるでしょう。

　ところが最近のビジネスでは、見知らぬ相手、自分と異なる考えを持つ相手、たくさんの相手とコミュニケーションする場面が増えています。そうした相手とは、なかなか以心伝心とはいきません。考えた内容が誰でもわかり、容易に再現してもらえるよう伝える必要が出てきます。

　相手に容易に再現してもらえるわかりやすいコミュニケーションをとるために、ロジカルシンキングの思考法・技法は、大いに役立ちます。

　以上、情報の整理・分析、問題解決、コミュニケーションの3つはお互い密接に関係しています。そして、この3つをロジカルに進めることによって、最終的にビジネスパーソンのマネジメント活動が高度化します。

　われわれのビジネスの大半はマネジメント活動、つまり**他人を通して目標を達成するプロセス**」です。売上拡大、生産性向上といった何らかの組織の「目標」があり、それを自分ひとりで達成するのではなく「他人を通して」、つまり、他人に働きかけて、協力しながら進めます。また、それを単発の活動で行うのではなく、Plan → Do → Check → Act という「プロセス」を踏みます。

　マネジメント活動において、情報の整理・分析、問題解決、コミュニケーションの3つが中核にあり、組織の中でビジネスパーソンに与えられた役割が大きくなるほど、地位が上がるほど、ロジカルに考えることが重要になってくるのです。

④ 思考とは何か

　さて、ここからロジカルシンキングの内容に入っていきます。本章の残りでは、第２章以下で詳細を検討するロジカルシンキングとはどのようなものかを、概念的に考察します。概念的な議論は少し苦手だという方は、この部分を飛ばして、第２章から読み進めて、後から確認のために目を通していただいても構いません。

　ここまで、ロジカルシンキング（論理的思考）が何であるかを定義せずに話を進めてきました。ロジカルシンキングとは何でしょうか。「論理（ロジック）」と「思考（シンキング）」を分けて、考えてみましょう。

　まず「思考」です。思考はあまりにも日常的な行為なので、それが何であるのか意識することは少ないと思います。

　思考とは、**人がある対象（考察対象）について、何らかの意味合い（メッセージ）を得る行為**です。「暑い」「痛い」といった**知覚**、「３年前の本日、一号店がオープンした」といった**記憶**と区別され、分析、総合、比較、抽象、推論といったパターンに分けることができます。

　これだけでは少しわかりにくいので、やや厳密さが失われることを承知で思い切って整理すると、思考は、ある事柄を要素に「分ける」作業、バラバラの要素を「まとめる」作業、ある事柄から別の事柄を「作り出す」作業に分類することができます。

（１）分ける

　われわれは、ある事柄に着目するとき、一つひとつの要素・成分・側面に還元します。この「分ける」作業のことを**分析**と言います。

　例えば、ある化粧品メーカーでは新しい男性用化粧品を販売しましたが、売れ行きがよくありません。このとき販売責任者は、売れ行きが悪い原因について「ネーミングが平凡でアピールしなかった」「広告宣伝

が十分ではなかった」「価格がやや高すぎた」の3つの要因に分けて考えました。これは、ある事柄を要素に分けて考えていますから、分析です。

(2) まとめる

　われわれのビジネスでは物事を分けておしまいではなく、分けた要素を統一的に構成します。「まとめる」ことによって、メッセージを導く作業を**総合**と言います。これが2つ目の思考のパターンです。

　化粧品メーカーの販売責任者は、ネーミング、広告宣伝、価格といった要素の状況をまとめて、「わが社のマーケティングはうまくいっていない」と判断しました。これは、典型的な総合のプロセスです。

　分析と総合は対立する概念で、もっとも基本的な思考のパターンであると言われます。

　さらに、分析と総合の結果、同じものと違うものを区分する思考を**比較**と言います。例えば、昨年度のマーケティングの状況についても振り返って、「昨年までは、マーケティングがうまくいっていたが、今年はうまくいっていない」と判断したら、比較です。

　さらに、比較の結果、「マーケティングの本質は顧客価値の充足にある」という具合に状況を抽象化します。本質的な部分とそうでない部分を分けて、本質的な部分を取り出す思考作業を**抽象**と言います。

　比較や抽象は、「分ける」と「まとめる」の発展形と考えてよいでしょう。

(3) 作り出す

　3つ目の思考のパターンは、「作り出す」作業です。われわれは、ある事柄に持っている知識や獲得した情報を組み合わせて、新しいことを思いついたりします。ある事柄から別の事柄を作り出す思考作業を**推論**と言います。

　例えば、この販売責任者は、「新しい男性用化粧品の売れ行きが悪い」

という事柄と「当社では、業績に連動してボーナスが支給される」という知識を組み合わせて、「私の次回ボーナスは大幅ダウンだろう」というメッセージを導き出しました。これは、ある事柄と知識を組み合わせてメッセージを作り出していますから、推論です。

繰り返しますが、思考とは、分ける、まとめる、作り出す、これらの作業によって何らかのメッセージを得ることなのです。

◆5 論理とは何か

次に、「論理（ロジック）」あるいは「論理的（ロジカル）」とはどういうことかを考えてみましょう。

辞書を確認すると、論理とは次のように説明されています。

ろんり【論理】〔logic〕
① 思考の形式・法則。議論や思考を進める道筋・論法。
② 認識対象の間に存在する脈絡・構造。

（三省堂「大辞林・第二版」より）

つまり、筋道が通っている状態、関係や構造がはっきりしている状態のことを論理的と言います。

少し別の見方をすると、「論理的」とは、関係や構造が「客観的」であるということです。「客観的」とは、平たく言うと、ある考察対象から導き出されたメッセージについて、第三者が見聞きして違和感を覚えない状態のことです。

容易に想像できると思いますが、前節で説明した思考によってどのようなメッセージが生まれるかは、個人の価値観・知識・能力・感性など

に大きく依存します。

　例えば、先ほどの販売責任者は、「新しい男性用化粧品の売れ行きが悪い」という事柄から、「次のボーナスは大幅ダウンだろう」という考えに至りました。しかし、「この新商品が会社にとって戦略的に重要である」という情報があれば、「建て直しのために新しい販売施策が必要だ」という別のメッセージに至るかもしれません。あるいは、「この新商品をあきらめて、既存の主力商品に力を入れよう」ということになるかもしれません。

　このように、思考は極めて属人的な行為であると言えます。同じような状況・立場に置かれても、十人十色、人によって考えることはまったく異なるのです。

　ビジネスでは、いろいろな立場の人が協力して活動しますから、思考があまりに属人的な状態だと困ったことになります。思考によって得られたメッセージに対して、「ああ、そういうことだね」と他人が納得しなければ、うまく活動が進みません。

　「客観的」とは、第三者が違和感なくメッセージを共有できる状態のことであり、そのためには、第三者に対して、①思考の前提となっている価値観・知識が明らかで、②どのようにメッセージに至ったのかという筋道が明らかでなければなりません。このような条件を満たした状態が、ロジカルだということです。

◆ 6　ロジカルシンキングとは？

　ここまで、ロジカルシンキングを「ロジック（論理）」と「シンキング（思考）」に分けて考えてきました。

　思考とは「分ける、まとめる、導き出す」作業を通して何らかのメッセージを得ることでした。一方、論理とは、属人的な状態でなく、客観

的に関係・構造がわかるようにすることでした。

　つまり、ロジカルシンキングとは、「**関係・構造が客観的にわかるように分ける、まとめる、作り出す**ことによって、**メッセージを得る作業**」ということになります。他にも厳密で難しい定義はありますが、この程度にお考えいただければよいでしょう。

　ロジカルであることによって、自分自身の頭の中が体系的に整理され、よいメッセージが得られるようになります。また、その思考過程の筋道が通っていると、第三者に対して伝わりやすくなります。ビジネスで大きな成果を生むためには、ロジカルシンキングが重要なのです。

⟨7⟩ ロジカルシンキングの限界
　　　─正当性、創造性、説得性

　本章の最後に、ロジカルシンキングの限界を3点紹介します。ロジカルシンキングは有効ですが、その限界を知ることも大切です。
　1点目は、論理性と正当性の違いです。
　論理は認識が客観的に筋が通っているかどうかを問題にしており、価値判断としての正当性まで保障するものではありません。

例	論理性と正当性

> ある政治家のコメント
> 「全国民に等しく税負担をしてもらうべきなので、人頭税（全国民1人当たりに一定額を課す税）の導入を進めたい」

　この例は、主張と論拠の筋が通っているので、論理的です。ただし、収入・財産など納税能力に関係なく「全国民に等しく税負担をしてもらうべき」という論拠は、価値基準として一般に納得しかねるでしょう。

よって、そういう誤った価値基準を前提にした「人頭税の導入」という結論は正当ではありません（江戸時代に沖縄では人頭税が存在したようですが）。

論理性と正当性（正しさ）はたいてい一致しますが、このように価値基準が絡む場合、必ずしも一致しません。その場合、筋が通っているかどうかよりも価値基準そのもののあり方が問題になります。

2点目は、論理性と独創性の違いです。

ロジカルシンキングは、思考の筋道が正しいかどうか、客観的かどうかを問題にします。そして、思考がロジカルであることは、思考が独創的な価値を持つかどうかとは必ずしも一致しません。論理的かつ独創的な思考が最高なわけですが、論理的でなくても独創的な思考はありますし、逆に論理的であっても独創的でない思考もあります。

過去の偉大な発明・発見を振り返ると、必ずしもロジカルな検討によって得られたものではありません。むしろ、あるとき偶然に閃くことが多いようです。論理性と独創性は必ずしも一致しないと知っておきましょう。

≪コラム≫ ニュートンの発見

ニュートンは、リンゴが落下するのを見て万有引力を発見しました。少しウソっぽい感じがしますが、本人が知人にそう述べたそうですから事実なのでしょう。

ニュートンのように独創的な発見・発明は、ふとしたきっかけ・偶然によって生まれることが多いようです。皆さんも経験があると思いますが、とくに風呂やトイレの中、寝る前のベッドの中といった、メモを取るのが難しい状況でよいアイデアが生まれます。こんな素晴らしいアイデアだからメモを取らなくても忘れないだろう、と油断していると、すぐに忘れてしまうも

のです。
　よいアイデアを生み出すには、偶然の閃きを大切にしましょう。閃いたら、それを忘れないようにメモします。
　しかし、閃くのを待っているわけにはいきません。リンゴの木を見たり、風呂に入れば閃くということではありません。閃く前までに、考えに考え、悩み抜きます。そして、ふと気が抜けたときに、偶然に背中を押されてよいアイデアが閃くのです。
　ニュートンも、ケプラーの法則をきっかけにそれまで何万時間も引力に関することを考え抜きました。その積み重ねがあって、あるときリンゴの落下を見てアイデアにめぐり合いました。閃くこととロジカルに考え抜くことは、決して無関係ではないのです。

　3点目は、論理性と説得性の関係です。
　われわれはロジカルシンキングを学ぶことによって、主張や分析の説得力が増すことを期待します。ただし説得力は、論理性だけで決まるわけではありません。むしろ、日常生活でもビジネスでも、論理性は説得力のごく一部分でしかないかもしれません。
　例えば、近年、振り込め詐欺が流行っていますが、詐欺に引っかかってしまうのは、犯人の言うことがロジカルだからでしょうか。そうではないでしょう。犯人の切羽詰った感じにある種の共感を持ってしまう、相手に気を許して、相手のことをまんまと信用してしまう、などに原因があります。
　主張や分析の説得性は、内容の①**論理性**だけでなく、相手との②**共感**、③**信用**といった要因に大きく左右されるのです。
　よく「俺の意見は正論だから」と持論を一方的に振りかざし、相手を力ずくで説得しようとする人がいますが、それではいけません。「クールヘッド、ウォームハート（cool head, warm heart）」と言われるとおり、

相手の気持ちに立って、心のこもったコミュニケーションをすることが大切です。

> **演習2** ロジカルシンキングの限界
>
> 　ある経営者が今後の経営方針について、従業員に対し次のように語りました。
>
> 　　　　　＊　　＊　　＊　　＊　　＊
>
> 　「人間というのは、しっかり監視していないとサボってしまう弱い存在だ。不祥事を未然に防ぐためには、厳格な行動監視システムを導入する必要がある」
>
> 　　　　　＊　　＊　　＊　　＊　　＊
>
> 　このコメントには、従業員に伝える上で問題があると思われます。どのような問題があるかを説明してください。

　以上のように、ビジネスではロジックがすべてではなく、価値基準、独創性、信用・共感といった点も重要です。ロジカルに考えることを心がけながらも、常にその限界を意識する必要があります。

　とはいえ、ビジネスの基盤には、やはりロジカルに考え抜くことがあります。思いつきが優れていることや人柄が温かいことは大切ですが、考え抜くことなしに大きなビジネスの成果は期待できません。本書は、ロジックについて解説しますが、要はバランスを取るということです。

チャレンジしてみよう

　あなたが自分の主張を展開して説得した場面、あるいは、他人から説得された場面を思い起こしてください。説得した、あるいは、されたのは、主張がロジカルだったからでしょうか、それとも他の要因が働いたからでしょうか。説得力の源泉を分析してください。

第2章
論理展開

　本章では、主張や説明をするときの理屈づけについて考えます。ビジネスでは、自分の考えを他人に主張・説明し、納得を得ようとします。主張・説明の理屈づけのことを論理展開と言い、演繹法と帰納法の2つの方法があります。われわれは演繹法と帰納法を日常的に用いますが、効果的な論理展開のためには、演繹法と帰納法の仕組みを知り、よく起こる誤りに注意しながら使います。

1 ビジネスと論理展開

　ビジネスでは、いろいろな場面で自分の考えを他人に主張・説明し、相手を納得させようとします。新しい提案をして受け入れられたり、逆に自分の主張が相手に通じなかったり、成功・失敗を繰り返します。

　仕事ができる人は、必ずしも斬新なアイデアの持ち主や超人的な実行力のある人というわけではありません。自分一人でできることは限られますから、他人をうまく使うことが大切です。他人と協力して仕事で成果を実現するには、自分の考えを他人に納得させる、あるいは他人の考えを正しく理解することが重要です。

　第1章で確認したロジカルシンキングの考え方を違った表現をすると、次のようになります。

主張・認識（＝論）を理由・論拠（＝理）とともに構成すること

　「論理」とは読んで字のごとく、「論」と「理」です。論理とは「論」と「理」が揃っている必要があるわけです。

　つまり、この定義によると、思考が論理的で、議論が説得力を持つためには、次の3条件を満たす必要があります。

① 明確な主張があること
② 主張に論拠があること
③ 論拠が主張を適切に支持していること

　「論理的でない」「話が通じない」という状態は、上の①②③のどれかが不十分な場合ということになります。

　とくに重要なのは①です。主張するべきこと、実現したいことがあっ

て、はじめてそれをどう展開するかが問題になります。何かを主張をしたいという動機が存在しないところに、優れた論理は生まれません。「ロジカル・論理的」というと、「何だかんだと理屈をこねる」「困ったときの言い訳がうまい」といったイメージがあるかもしれませんが、主張によって何かを実現したいという熱いものを根源に持つべきでしょう。

逆に、論拠を提示しているつもりで実は論拠になっておらず、主張しか存在しないこともあります（②）。

次のある企業の経営幹部のコメントはどうでしょうか。

| 例 | 主張と論拠 |

わが社は、これまで新規店舗の出店による売上増加によって成長してきたが、コストの引き下げが課題なので、今後はコスト削減に取り組む必要がある。

この例では、最後の「今後はコスト削減に取り組む必要がある」が主張です。問題は、その前の「コストの引き下げが課題なので」です。「なので」とあるので一見論拠であるように見えますが、主張を少し違った表現をしているだけで、内容は主張とほぼ同じです。したがって、このコメントには論拠が存在しないことになり、論理的ではありません。「コスト削減」というと少し高度な感じがしますが、小さな子供が「オモチャを買って欲しい。だって、オモチャが欲しいから」と駄々をこねているのと同レベルです。

| 演習3 | 主張と論拠 |

ある会社の幹部の次のコメントは、論理的ではないと考えられます。どのように論理的でないかを説明してください。

＊　　＊　　＊　　＊　　＊

> 「わが社は今後、高齢者層を重点ターゲットにマーケティングを展開するべきだと考える。なぜならば、これまで高齢者層は十分に顧客開拓できていなかったからだ」

また、一見、主張・論拠がともに存在しても、両者の関係が不適切なことが多いようです。③の主張と論拠の関係のことを論理展開と言います。ビジネスでは、一見、主張があり、一見、論拠もあるのだが、どこか説得力がない、という場合がよく問題になります。

論理展開の方法には、演繹（えんえき）法と帰納法の2つがあります。というより、その2つしかないと一般に言われます。演繹法と帰納法について本章で、詳しく考えてみましょう。

チャレンジしてみよう

ビジネスにおいて、主張だけで論拠が存在しない、あるいは、論拠だけで主張が存在しないことを経験（自分あるいは他人）しましたか。なぜそういう状態になってしまったのかを含めて確認してください。

② 演繹法

論理展開の一つの方法は演繹法です。演繹法は、諸前提から論理の規則にしたがって必然的に結論を導き出すやり方です。一般的原理から特殊な原理や主張を導くことを言い、三段論法とも呼ばれます。

図表2-1のように、「観察（小前提）」「原理・ルール（大前提）」「結論」の3つの要素があります（いろいろな呼び方をします）。

●図表 2-1　演繹法の仕組み

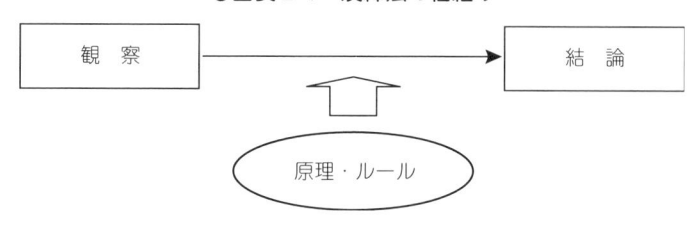

```
┌──────┐          ┌──────┐
│ 観 察 │ ───────→ │ 結 論 │
└──────┘          └──────┘
            ↑
       ( 原理・ルール )
```

> **例　演繹法**
>
> 〔ルール〕人間は必ず死ぬ。
> 〔観　察〕アリストテレスは人間である。
>
> ⇩
>
> 〔結　論〕アリストテレスは必ず死ぬ。

> **例　演繹法**
>
> 〔ルール〕（コンビニエンスストアの）わが社では、売上見込みが2億円を超える立地に限って店舗を出店する。
> 〔観　察〕候補地Aでの売上見込みは1.6億円である。
>
> ⇩
>
> 〔結　論〕候補地Aには出店しない。

　2つの例は、ともにこれ以外の結論は考えられません。演繹法には、**結論は一つ**という特徴があります（次節で解説する帰納法では、複数の結論が導き出されます）。

　しかし、両者を比べると明らかに違いがあります。つまり、結論の納

得度合い、確からしさは、アリストテレスの例の方が勝っています。われわれは、誰もアリストテレスに会ったことなどありませんし、実際に死んだかどうかを知っているわけではありませんが、「アリストテレスは必ず死ぬ」という結論に納得します。一方、コンビニエンスストアの例の「候補地Ａには出店しない」の結論は、「本当にそうなのかな？」と疑問を持ちます。

　一般に、演繹法における結論が確からしいためには、次の３つの条件があります。

① 　原理・ルール（大前提）が真であること

　アリストテレスの例での「人間は必ず死ぬ」は真実ですが、コンビニエンスストアの例での「わが社では、売上見込みが２億円を超える立地に限って店舗を出店する」は、そのコンビニエンスストアが定めた社内ルールにすぎません。時代や状況が変われば通用しなくなる可能性があり、普遍性がないので、それによって得られた結論も確かではありません。

② 　観察（小前提）が真であること

　「アリストテレスは人間である」はまず間違いありませんが、「候補地Ａでの売上見込みは1.6億円である」はあくまで予想であって、確かではありません。

③ 　原理・ルールと観察の対応関係が適切であること

　原理・ルールや観察がそれぞれ正しくても、対応関係が適切でなければいけません。次の例では、原理・ルールと観察の対応関係が適切でないため、結論が確かではありません。

第2章：論理展開

| 例 | 演繹法 |

〔ルール〕ジョギングは健康に良い。
〔観　察〕野村さんは心臓が悪い。

⇩

〔結　論〕野村さんはジョギングをするべきだ。

この例では、「ジョギングは健康に良い」というルールは一般論として正しいですが、「野村さんは心臓が悪い」という観察との組み合わせは適切ではありません。

以上の3つの条件に注意すれば、演繹法の結論は確からしくなります。

| 演習4 | 演繹法 |

次の「　」の中には、どのような文章が入るでしょうか？
　　　　　　　＊　　＊　　＊　　＊　　＊
〔ルール〕「　　　　　　　　　　　　　　　　　　　」
〔観　察〕山田さんは前向きではない。

⇩

〔結　論〕山田さんはリーダーになれない。

| 演習5 | 演繹法 |

次の「　」の中には、どのような文章が入るでしょうか？
　　　　　　　＊　　＊　　＊　　＊　　＊
〔ルール1〕教育訓練によって従業員の能力が高まる。

〔ルール2〕従業員の能力が高まると、会社が発展する。
〔観　察〕わが社では、十分な教育訓練が行われている。

⇩

〔結　論〕「　　　　　　　　　　　　　　　　　　　　　」

なお、演習4ではルールが省略されていますが、省略された状態でも会話が成り立つことがあります。

　　課長「山田君はどうも前向きではありません」
　　部長「そうだな。あいつは将来リーダーになれないな」

というわけです。この場合、課長と部長の間ではルールが当然のこととして共有されているので、コミュニケーションを簡略化するために、あえて口に出さないのでしょう。演繹法には、**観察、原理・ルール、結論が省略されることがある**、という特徴があります。

◆3 帰納法

もう一つの論理展開の方法が帰納法です。帰納法とは、個々の特殊な事実や命題の集まりからそこに共通する性質や関係を取り出し、一般的

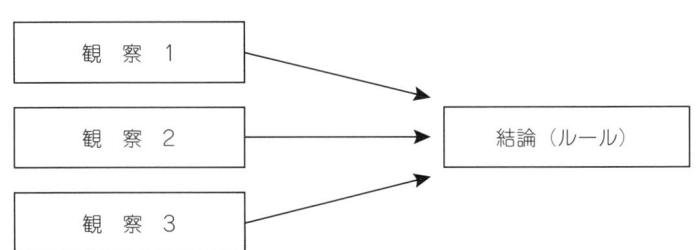

●図表2-2　帰納法の仕組み

観察1 →
観察2 → 結論（ルール）
観察3 →

な命題や法則を導き出すことです。図表2-2のように、複数の「観察（小前提）」と「結論」の２種類の要素から成り立っています。

| 例 | 帰納法 |

〔観察１〕上場企業社長のＡさんはＴ大出身だ。
〔観察２〕高級官僚のＢさんはＴ大出身者だ。
〔観察３〕法曹界の要職にあるＣさんはＴ大出身者だ。

⇩

〔結　論〕Ｔ大出身者は優秀である。

さて例を見て、「本当に結論はこれだけかな？」と思われたのではないでしょうか。観察１・２・３から共通して言えることは、他にも「Ｔ大出身者は高収入である」「Ｔ大出身者は社会に対して影響力がある」など、いろいろあります。「Ｔ大出身者の職業選択は保守的である」といった少しハテナ？なものを含めると、いくらでも答えはありそうです。

つまり、帰納法には、**結論は複数**（あることが普通）という特徴があります。複数の事実に共通する事柄は一つとは限りませんから、演繹法と違って、一つの答えにはなりません。

複数の結論がありうる帰納法では、論理展開があいまいで、結論が不確かになりがちです。帰納法において結論の確からしさを高めるには、次の４つの条件が必要です。

①　十分な数の観察があること

説明する対象を構成するすべての要素を観察するのが理想ですが、観察数が多くなると物理的に困難になります。その場合、対象の中からいくつかの観察を選びます（統計学では標本と言います）。例えば、先ほ

どの例では、数十万人いるT大出身者から3人を選んだわけですが、実際にはもっと多数の観察がないと確かな結論にはなりません。

② 観察が説明する対象を代表していること

例えば、「ソニーの社員の特徴」を説明するとき、当然、日立の社員ではなく、ソニーの社員を観察する必要があります。また、新入社員などではなく、ある程度の年次の社員を選ぶなど、説明対象を代表しているかどうかに留意します。

③ 観察が結論に対して真であること

結論と反する観察が現れたら、基本的には結論が成り立たなくなります。P.29の例で、まったく無能なT大出身者Dさんが観察されたら、「T大出身者は優秀である」の結論は成り立ちません。このように事実で結論を棄却することを**反証**と言います。

ただし、Dさんは例外であるという解釈も成り立ちますから、一つでも結論に反する観察が現れたら即座に結論が成り立たなくなるとは限りません。

④ 結論のまとめ方が適切であること

条件②と③は、ある事柄を説明するとき、どのような観察を集めるか、という話ですが、逆にこの④は、集まった観察からどう結論を導き出すか、という話です。結論は、観察から極端に飛躍していないこと、くくり方が適切であることが必要です。例えば、先ほどの例で、「T大生の家系は代々知能指数が高いに違いない」という結論を導くと、観察からは飛躍しすぎています。また、次の例は、観察のくくり方に問題があります。

第2章：論理展開

| 例 | 帰納法 |

〔観察1〕オリエンタルランドは高収益だ。
〔観察2〕オリックスは高収益だ。
〔観察3〕オリンパス工業は高収益だ。

⇩

〔結　論〕社名が「オ」で始まる企業は高収益だ。

| 演習6 | 帰納法 |

次の「　」の中には、どのような文章が入るでしょうか？（複数の答えを考えてください）

　　　　　　　＊　　＊　　＊　　＊　　＊

〔観察1〕Ｂ社は売上が急減している。
〔観察2〕Ｂ社はメイン銀行に金融支援を要請している。
〔観察3〕Ｂ社では、幹部社員の自発的退職が増えている。

⇩

〔結　論〕「　　　　　　　　　　　　　　　　　　　　」

④ 演繹法と帰納法の関係

　論理展開には演繹法と帰納法の2つしかなく、複雑に見える論理展開でも、どちらかの方法を使っています。現実の生活・ビジネスでは、演繹法あるいは帰納法の一方だけを用いるのではなく、両方を使い分けて論理展開します。

演習7　演繹法と帰納法の使い分け

次の会話は、演繹法と帰納法で成り立っています。下線部のコメント①②③④は、それぞれ演繹法と帰納法のどちらを用いているでしょうか？　演繹法については観察・ルール・結論が何か、帰納法については観察・結論が何かを指摘してください（演繹法では、省略された文章がどういうものかも考えてください）。

＊　＊　＊　＊　＊

営業部長　「最近の販売動向はどうかな？」

販売課長　「①A店はライバルX社が進出してからダメです。B店も昨年暮れから前年同月比マイナスです。他の3店もあまり振るいません。全般にパッとしませんね」

営業部長　「②B店は立地や競合など問題はない。もっと行けるはずだろう」

販売課長　「③そうですね。やっぱり店長です。松田店長の指導力に問題ありです」

営業部長　「松田店長だけの問題だろうか？　スタッフはどうかな？」

販売課長　「④鈴木は遅刻がちです。本田は商品知識が足りません。全般に戦力不足です」

さて、ここまで演繹法と帰納法をそれぞれ説明しましたが、2つは別個のものというわけではなく、密接な関係にあります。

図表2-3のとおり、通常はまず帰納法によって原理・ルールが作られ（左下の部分）、演繹法による観察事項の説明によって、原理・ルールが検証されます（右の部分）。

第2章：論理展開

●図表2-3　帰納法と演繹法の関係

```
                    観察4  ──────→  結　論
                              ↑         │
 観察1  ──→                   │         │
              原理・ルール  ←────────┘
 観察2  ──→                 検証・反証・例外
 観察3  ──→
```

次の例は、2000年頃に日本で実際に起こったことです。

| 例 | 帰納法と演繹法の関係 |

〔観察1〕吉野家の280円の牛丼がヒットしている。
〔観察2〕ユニクロの2000円フリースがヒットしている。
〔観察3〕百円ショップが業績を伸ばしている。

⇩ 帰納法

〔ルール〕消費者は低価格の商品を求めている。
〔観察4〕讃岐うどんは低価格である。

⇩ 演繹法

〔結論〕讃岐うどんは消費者に支持されるだろう。

　実際に讃岐うどんがヒットすれば、「消費者は低価格の商品を求めている」という原理・ルールの正しさが確かめられ、ルールが強化されます。主張やルールといった命題を事実によって確かめることを**検証**と言います。以後、さらに別の低価格商品がヒットしたら、原理・ルールは

33

ますます強化されます。

では、讃岐うどんがヒットしなかったらどうでしょうか。この場合、2つの判断が考えられます。一つは、消費者はもはや低価格の商品を求めておらず、ルールは正しくないという判断です。ルールや主張を事実によって否定することを**反証**と言います。もう一つは、讃岐うどんは味や食習慣などの別の理由でヒットしなかったのであって、ルールそれ自体は依然として有効である、つまり讃岐うどんは**例外**であるという判断がされることもあります。

つまり、ある新しい事実を既存の原理・ルールに当てはめるとき、検証・反証・例外の3つの判断が生まれるということです。

ここで、事実によって命題の正しさを確かめることの重要性を理解しましょう。命題の多くは仮説であり、事実によって客観的に命題を確かめる手続きが重要です（**ファクトベース**と言います）。事実に基づかない主張は、説得力がありません。

ただし、どんな命題でも、事実によって確かめられるわけではありません。ある種の命題は、事実によって反証することが不可能な場合があります。例えば、次の例はどうでしょうか。

例	反証可能性

> ある会社で、2年前に創業社長が急死し、急きょ長男が社長になりました。ところが、経験の乏しい新社長の下、経営は迷走しています。この状況で、ある幹部社員が次のようにコメントしました。
> 「前社長が引き続き経営の指揮を執っていれば、こんなに経営が悪化しなかっただろう」

この例では、社長交代の後に経営が悪化している状況で、関係者は「そうだろう」と納得するかもしれませんが、それを事実によって確か

めることはできません。つまり、反証可能性がありません。

哲学者のカール・ポパーによると、「科学的」とは、反証可能性があることです。ここで、科学的であることと正当であることは違うのだと理解する必要があります。上の例は反証可能性がないので科学的ではありませんが、皆がそう信じるならおそらく正しいでしょう。つまり、ポパーによると、「科学的でないが、正しい」状態です。

ポパーによると、理論・法則を含めてすべての命題は仮説であり、事実によって確かめることが重要です。「科学的に正しい」命題とは、「反証可能だが反証されていない」状態のことなのです。

演習8　反証可能性

次の記述①②は、反証主義によると科学的でしょうか、科学的ではないでしょうか？　理由とともに説明してください。

*　　*　　*　　*　　*

① 営業課の売上成績を上げるには、営業スキル研修を充実させるべきである。
② （中世の時代の主張）地球は平らで、地球の端の方は滝のようになっている。

チャレンジしてみよう

あなた（あるいはあなたが所属する会社・部署）が企画・実施した施策のうち、科学的でないものを一つ取り上げて、以下の内容を整理してください。

① 施策の背景、内容、結果。
② どのように科学的でなかったですか。

③　科学的でないのに実施した理由は何でしょうか。

≪コラム≫ 科学と反証可能性、パラダイム

　われわれは「科学（的）」という言葉を日常的に用います。「もっと科学的に物事を考えなくちゃダメだよ」のように言いますが、「科学（的）」とはどういうことなのでしょうか。

　今から約50年前に「科学とは何か？」という疑問について"科学論争"が展開されました。論争の主役の一人である哲学者カール・ポパーは、科学的とは「反証可能性があること」と説明しています。

　例えば、「人間は200歳まで生きることはできない」という主張は、実際に200歳まで生きた人が現れれば反証できるので、反証可能性があり、科学的です。一方、「この世は神様が支配している」という主張は、神様の存在・活動によって反証することができないので、反証可能性がなく、科学的ではありません。

　ポパーによると、すべての理論は仮説であり、「反証可能だが反証されていない仮説」ということになります。科学理論を発展させるのは、既存の理論から飛躍した"大胆な推論"ですが、この推論は間違いやすいので、事実によって検証・反証する手続きが重要になるというのが、ポパーの考えです。

　科学論争のもう一方の主役は、科学史家のトーマス・クーンでした。クーンは、科学の歴史研究から、既存の理論を打ち倒すのは、反証となる事実ではなく、まったく概念の異なる別の理論であると考えました。

　例えば、天動説が唱えられて、それが中世のキリスト教世界で支配的なものの考え方になると、天動説にとって都合のよい自然現象が収集され、天動説はどんどん強固になります。天動説を否定したのは、天動説では説明できない事実によってではなく、地動説という従来の理論とはまったく異なる別の理論でした。

　クーンは、学者集団の中で支配的な、ものの見方、共通の規範のことをパラダイムと呼びました。クーンによると科学の発展は支配的なパラダイムをまったく別のパラダイムが否定する非連続的な発展の歴史だということです。

> よくわれわれは、「組織のパラダイムが変わった」と言ったりします。ポパーの反証主義もクーンのパラダイム論も、科学の世界だけでなく、ビジネスのものの考え方に影響を与えています。

◆5◆ 論理展開の誤り

われわれは演繹法や帰納法を使って論理的に主張・分析をしているつもりでも、相手の納得を得られないことがよくあります。論理展開において、次のような誤りを犯しているのです。

① （演繹法・帰納法において）論理展開に組み込まれた観察が情報として誤っている場合
② （演繹法において）原理・ルールと観察の組み合わせが不適切な場合
③ （演繹法において）議論を絞り込む前提が省略され、相手との共有が不十分な場合
④ （帰納法において）説明したい対象について収集した観察が不適切な場合
⑤ （帰納法において）観察を総合した結論の導き方が不適切な場合

こうした誤りについて、ビジネスでの実例や演習を交えて考えてみましょう。

（1）情報の誤り

論理展開の中に組み込まれた情報に誤りがあると、間違った結論や説得力の弱い結論を導いてしまいます。

例	情報の誤り

〔ルール〕（百貨店の）わが社は、人口100万人以上の都市にだけ店舗を出店する
〔観　察〕神戸市は人口が100万人に満たない

⇩

〔結　論〕神戸市には出店しない

「神戸市には出店しない」という結論は筋が通っていますが、「神戸市は人口が100万人に満たない」という情報が誤っているので、結論は間違っています。

上の例は演繹法ですが、当然、帰納法でも同じような誤りが起こりえます。

例	情報の誤り

〔観察①〕メロン栽培農家は、経営が厳しい
〔観察②〕イチゴ栽培農家は、経営が厳しい
〔観察③〕スイカ栽培農家は、経営が厳しい

⇩

〔結　論〕果物栽培農家は、経営が厳しい

農林水産省の分類によると、単年草の植物であるメロン、イチゴ、スイカはいずれも野菜です。したがって、「果物栽培農家は、経営が厳しい」という結論にはなりません。

ビジネスでは、専門用語などを使ってあたかも既定事実のように論理展開に持ち出す場合があるので、注意を要します。

(2) 原理・ルールと観察の不適合

演繹法では、原理・ルールが一般論として正しくても、ある観察と組み合わせて主張するには不適切な場合があります。

例	原理・ルールと観察の不適合

> 〔ルール〕自由な企業活動が資本主義社会の基本である
> 〔観　察〕労働基準法では、労働時間を規制している
>
> ⇩
>
> 〔結　論〕労働基準法の労働時間規制を廃止するべきだ

当然ながら、労働者保護のために一定の労働時間規制は必要でしょう。一般論として「自由な企業活動が資本主義社会の基本である」という原理は正しいですが、それは「国民の人権や公共の利益に反しない範囲で」という条件付きでの話であり、この一般論を労働時間規制という観察に当てはめることに無理があります。

残念ながら、こうした間違いを防ぐ絶対の方法はありません。常識感覚と注意深さがものを言います。

(3) 前提の省略

論理展開においては、コミュニケーション・プロセスを簡略化するために、相手との間に共有されている前提（あるいはルール、認識）をよく省略します。主張する方は当然のこととして、こうした前提を省略し、議論を絞り込むわけですが、省略した前提が正しいとは限りませんし、相手にとっては当然ではなかったりします。この場合、論理が飛躍し、相手に納得してもらえません。

| 例 | 前提の省略 |

> 「(生産現場において) 最近、不良品がたくさん発生しているから、作業監督者の数を増やそう」

　この例では、「不良品の発生」という事象と「作業監督者の増員」という主張の間には、以下の2つの前提が隠されており、他にさまざまな可能性があります。

「不良品が増えているのは、作業レベルのミスが原因である」
　→　作業以外に、機械の不備や製品設計のミスなどが考えられます。
「監督者の数を増やせば、作業ミスが防げる」
　→　作業ミスを減らすには、監督者の増員以外にも、作業者の増員、作業者の教育訓練、機械化などの方策が考えられます。

　この関係を図示すると、図表2-4のようになります。

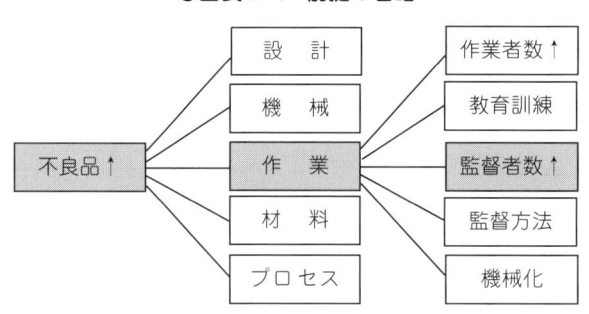

●図表2-4　前提の省略

```
            設　計          作業者数↑
            機　械          教育訓練
不良品↑ ─── 作　業 ─── 監督者数↑
            材　料          監督方法
            プロセス        機械化
```

　相手との間で当然のことであれば問題ありませんが、共有が不十分な場合、どのような絞り込みをしたのかを明らかにするとよいでしょう。

> **演習9** 前提の省略
>
> あるメーカーの営業担当マネジャーの次のコメントには、主張と論拠の間に飛躍があります。主張と論拠の関係、どのような議論の絞り込みが行われているかがわかるように図示してください。
>
> ＊　＊　＊　＊　＊
>
> 「新製品の販売が振るわないので、営業マンにハッパを掛ける必要がある」

（4）観察収集の誤り

帰納法では、ある対象について観察（サンプル）を収集します。集めた一つひとつの観察が正しくても、偏りがあるなど、説明したい対象に対して代表性がない場合、結論の納得が得られません。

> **例** 観察収集の誤り
>
> 〔観察1〕伊勢丹の社員はファッションセンスがある
> 〔観察2〕セブン-イレブンの社員はファッションセンスがある
> 〔観察3〕楽天の社員はファッションセンスがある
>
> ⇩
>
> 〔結　論〕大企業の社員はファッションセンスがある

　上記の3社は日本を代表する大企業ですが、観察が流通関係に偏っています。「流通関係の大企業の社員はファッションセンスがある」という主張であれば結構ですが、大企業全般について主張したいのであれば、流通関係以外の観察も利用する必要があるでしょう。
　この関係を図示すると、図表2-5のようになります。

●図表2-5　観察収集の誤り

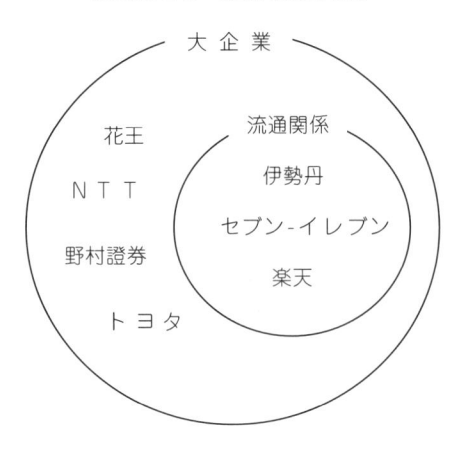

```
           大 企 業
     花王      流通関係
     ＮＴＴ     伊勢丹
            セブン-イレブン
     野村證券    楽天
          トヨタ
```

　われわれは、あることを説明するとき、説明したい対象（統計学で言うところの**母集団**）に含まれるすべての事実を調べることはせず、その中から一部の観察（**標本**）を使って、全体を推し量ります。

　例えば、従業員3,000人のある会社で、「わが社の従業員はチャレンジ精神が旺盛だ」などと語るとき、厳密には3,000人すべてを調べないとそういうことは言えません。しかし、3,000人すべてを知っていなくても、少数の観察に基づいて従業員全体を説明します。

　大切なのは、取り上げる観察の数よりも、考察・説明したい対象に対して代表性があるかどうか、です。もちろん、観察数が少なくてはだめですが、代表性のある観察を使えば、論理的かつ納得できる結論になります。

演習10　観察の誤り

　ある食品会社では、株主総会に出席した個人株主に、総会終了後、自社製品の試食会を実施しました。席上「高級素材を使った、あっさ

り味の和風プレミアム・ソーセージ」を要望する意見が何件かあったので、早速商品化しましたが、まったく売れませんでした。
　このマーケティング施策のどこに誤りがあったかを、図を使って説明してください。

(5) 結論の誤り

　観察された一つひとつの事実が正しくても、一般化を誤ってしまったために納得できる結論に到達しない場合があります。先ほどの (4) は、ある対象について説明するとき、適切な事実を集めるという話でしたが、こちらの (5) は、集めた事実から何が言えるかという、本来の帰納法の展開で起こる誤りです。

例	結論の誤り

〔観察1〕外国人労働者を雇用すると、教育訓練コストがかかる
〔観察2〕せっかく外国人労働者に教育訓練しても、すぐに離職してしまう
〔観察3〕外国人労働者は日本人労働者とうまく共同作業ができない

⇩

〔結　論〕外国人労働者を雇うことにはメリットがない

　外国人労働者の雇用には、上に挙げたような問題があるかもしれませんが、それでも外国人の雇用が増えているのは、低コスト、日本人にはないスキル、日本人との融合による効果といったメリットがあるからでしょう。したがって、「外国人雇用にメリットがない」という一般化は行き過ぎで、「外国人雇用にはさまざまな問題点がある」というのがせ

いぜいです。

　複数の結論が考えられる帰納法では、観察した事実からかけ離れた結論を導いてしまうことが起こりがちです。事実から「どこまで言えるのか」を慎重に確認しなければなりません。

> **演習11** 結論の誤り
>
> 　社会評論家の次のコメントを論理的な文章に修正してください。
>
> 　　　　　＊　　＊　　＊　　＊　　＊
>
> 「世間では中高年のリストラが話題になっていますが、若年層の失業も深刻な問題です。
>
> 　若年で失業した者は、生涯賃金で明らかに就業者を大きく下回ります。社会人初期の重要な時期に、教育訓練の貴重な機会を奪われます。目標を失った若者が犯罪に走るケースも増えています。
>
> 　マクロ的な視点で考えると、やはり相対的に恵まれた職業生活を過ごしてきた中高年を積極的に切り捨てて、若年層の雇用確保を推進するべきでしょう」

チャレンジしてみよう

　あなたが帰納法で主張したことを一つ取り上げて、以下を確認してください。

　① 主張したい事柄に対して代表性のある観察を収集しましたか？
　② 収集した観察から結論は飛躍していませんでしたか？

第3章

因果関係の把握

　本章では、因果関係を中心に事象間の関係について検討します。複数の事象の関係を分析するとき、事象間の連動性に着目すると、独立（関係なし）と相関（関係あり）があり、相関はさらに因果関係と単純相関に分かれます。このうちビジネスでは因果関係が重要で、効果的な問題解決を行う前提になります。因果関係が成立する条件や因果関係がわかりにくくなる場合についても考えます。

① 事象間の関係と問題解決

　ビジネスでは、ある事象と別の事象の関係を分析します。とくに問題解決では、問題という結果とその原因の関係を論理的に整理し、原因に応じた対応をとります。

例	因果関係と問題解決

〔結　果〕（衣料品店で）例年12月によく売れる冬物衣料が今年は売れない

⇧

〔原因1〕今年は例年よりも暖冬だった
〔原因2〕昨年とは流行が変わった
〔原因3〕デフレ傾向が強まっている

　この場合、衣料品店の経営者にとって、「例年12月によく売れる冬物衣料が今年は売れない」が問題で、その原因を追求します。仮に「今年は例年よりも暖冬だった」「昨年とは流行が変わった」「デフレ傾向が強まっている」といった3つの原因が明らかになったら、それぞれに応じた対応をとることになります。例えば、「暖冬に合わせて薄手の冬物を売る」「新しい流行に合わせて品揃えを変える」「安い価格帯の品揃えを増やす」という具合です。

　原因と結果という事象の結びつきのことを**因果関係**と言います。因果関係など事象間の関係を明らかにすることは、問題解決をはじめビジネスにおいて重要です。問題解決については第6章で改めて検討しますが、ここでは事象間の繋がりの一般的な考え方を含めて、因果関係の把握について考えます。

② 事象間の関係

　因果関係について考えるにあたり、事象間の関係について一般的な整理をしておきましょう。われわれは物事を分析するとき、複数の事象を比較して、同じ部分と違う部分を分け（分類）、両者の関係を調べます。

　2つ以上の事象の関係には、**連動性**（あるいは**相関性**）がある場合と連動性がない場合があります。事象AとBの間に連動性、つまり「Aが変わればBも変わる」関係がある場合を**相関**、関係がない場合を**独立**と呼びます。さらに相関のうち、事象同士が原因と結果の関係になっているものをとくに**因果関係**と言い、因果関係以外の相関を**単純相関**と言います。

●図表3-1　事象間の連動性

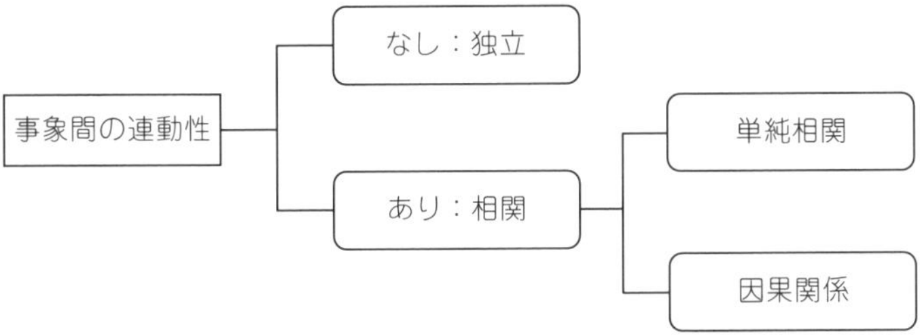

```
                    ┌─ なし：独立
事象間の連動性 ─────┤
                    │              ┌─ 単純相関
                    └─ あり：相関 ─┤
                                   └─ 因果関係
```

例えば、ビール会社において、次の4つの事実が確認されました。

「夏が寒い」
「ビールが売れない」
「ジュースが売れない」
「酒税が上がった」

「夏が寒い」と当然「ビールが売れない」でしょう。これは因果関係

です。また、「夏が寒い」場合「ジュースが売れない」ですから、こちらも因果関係です。

「ビールが売れない」ときには、「ジュースが売れない」はずです（あるいは逆にビールが売れるときにはジュースの売れ行きもいいでしょう）から、2つの事象には一定の相関はあります。ただ、明らかに原因と結果の関係ではありませんから、単純相関ということになります。

「夏が寒い」と「酒税が上がった」ことの間には連動性はありませんから、独立です。同様に、「酒税が上がった」と「ジュースが売れない」も独立です。以上の関係は、図表3-2のようになります。

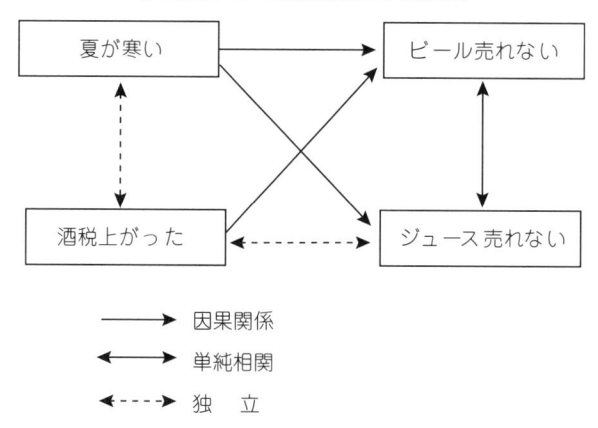

●図表3-2　因果関係と単純相関

```
┌─────────┐        ┌─────────┐
│ 夏が寒い │───────▶│ビール売れない│
└─────────┘        └─────────┘
     ▲      ╲  ╱        ▲
     ┊        ╳          │
     ▼      ╱  ╲         ▼
┌─────────┐        ┌─────────┐
│酒税上がった│┈┈┈┈┈▶│ジュース売れない│
└─────────┘        └─────────┘
```

　　　──────▶　因果関係
　　　◀─────▶　単純相関
　　　◀┈┈┈┈▶　独　立

ビール会社の社員ならば、無意識のうちに、このような事象間の関係の特定を行って対策を立てているはずです。われわれはビジネスや日常生活で、3つの関係の区別を行っているのです。

演習12　事象間の関係

次の4つの事柄の相互の関係は、因果関係、単純相関、独立のどれ

に当てはまるでしょうか？

* * * * *

① 100円ショップなど低価格小売店が流行っている。
② 給与支給額が減った。
③ 海外旅行者数が減っている。
④ 航空運賃が値上がりしている。

③ 因果関係の成立条件

　因果関係とその他の関係を区分するために、因果関係成立の条件を確認しておきます。AとBの2つの事象があるとき、「AがBの原因である」と特定するには、次の3つの条件を満たす必要があります。

① Aが変化すればBが変化する（相関性）
② AはBに時間的に先行して発生する（時間的先行性）
③ Bの原因になるのはAだけで、他に有力な原因が存在しない（擬似相関の欠如）

　このことを、ある工場において「欠陥品が増加した」（結果）と「作業現場でイレギュラーな手作業が増加した」（原因）の2つの事象の関係を例にとって考えてみましょう。

① Aが変化すればBが変化する（相関性）
　まず、原因Aと結果Bには相関性がなければいけません。作業現場でイレギュラーな手作業が増えれば欠陥品が増加することは、常識感覚で推測できるでしょう。相関性を確認するにはこの常識感覚が大切です。

ただし、相関性の有無やどちらが原因でどちらが結果かは常識で判断できても、相関性の強さまでは正確にはわかりません。因果関係には強弱のレベルがあり、Aという原因から必ずBという結果が発生する強い因果関係もあれば、ときおりBという結果に引き起こす程度の弱い因果関係もあります。常識感覚だけで判断がつかない場合、統計的に相関分析を行います。

 手計算も不可能ではありませんが、EXCELでは次の操作によって、**相関係数**と呼ばれる指標を計算します。

　　　「挿入」→「関数」→「統計」→「CORREL」

 相関係数は－1から1の間の値になります。rの符号が正（＋）のときには、正の相関性があり、rの符号が負（－）のときには、負の相関性（Aが増えればBが減る）があることを示します。相関係数の絶対値が0に近づくほど2つの変数の間に相関性が希薄であることになり（独立）、1に近づくほど2つの相関性が強いことになります。相関の強弱を判断する目安は、以下のとおりです。

　　$0.8 ≦ |r|$　　　　→　強い相関あり
　　$0.6 ≦ |r| < 0.8$　→　相関あり
　　$0.4 ≦ |r| < 0.6$　→　弱い相関あり
　　$|r| < 0.4$　　　　→　ほとんど相関なし

 イレギュラーな手作業と欠陥品の発生件数を10週間にわたって集計したところ、図表3-3のようなデータが得られました。
 EXCELで相関係数を計算すると、「0.87」になります。0.8以上なので、「イレギュラーな手作業の増加」と「欠陥品の増加」には強い相関

第3章：因果関係の把握

●図表3-3　イレギュラーな手作業と欠陥品の発生件数

	イレギュラー手作業	欠陥品
第1週	16	14
第2週	5	7
第3週	21	18
第4週	17	19
第5週	12	10
第6週	9	11
第7週	12	8
第8週	15	17
第9週	13	14
第10週	20	18
X　週	25	?

性があることが確認できました。

ちなみに、ある週のイレギュラーな手作業が25あるとしたら、過去のデータを用いて欠陥品の数を予測できます。EXCELのFORECAST機能を使います。

「挿入」→「関数」→「統計」→「FORECAST」

計算すると、22という予想値が得られました。

② AはBに時間的に先行して発生する（時間的先行性）

2つ目の条件は、事象間の時間的順序です。普通は、原因が先にあって結果が生まれます。これを時間的先行性と言います。

この例では、「イレギュラーな手作業の増加」と「欠陥品の増加」の2つの事象ではどちらが先に発生したかを確認します。「イレギュラー

な手作業の増加」が始まる前から「欠陥品の増加」が起こっていたら、相関性はあっても因果関係ではありません。

③　Bの原因になるのはAだけで、他の原因が存在しない（擬似相関の欠如）

　最後に、擬似相関の欠如を確認します。最初の2つの条件を充たしていても、他に有力な原因が存在すれば、因果関係にはなりません。あるいは、因果関係があっても、弱い関係ということになります。

　「欠陥品の増加」の原因として、仮にこの企業では最近、作業プロセスを大幅に変更し、それがしっくりいっていない、というより有力な要因が新たに見つかったとします。さらにこの「作業プロセスの変更」は、「イレギュラーな手作業の増加」の原因にもなっていたとすると、図表3-4のように関係を図示できます。

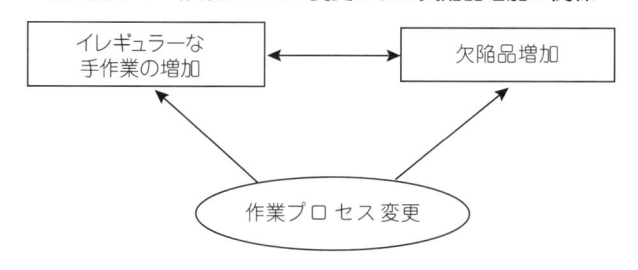

●図表3-4　作業プロセス変更による欠陥品増加の関係

```
┌──────────┐         ┌──────────┐
│イレギュラーな│◄──────►│ 欠陥品増加 │
│ 手作業の増加 │         │          │
└──────────┘         └──────────┘
       ▲                   ▲
        ＼                 ／
         ＼               ／
          ╲             ╱
         ╱──────────────╲
        （  作業プロセス変更  ）
         ╲──────────────╱
```

　この場合、「欠陥品の増加」と「イレギュラーな手作業の増加」は、相関性と時間的先行性を充たしていても、因果関係ではなく、単純相関です。

　「欠陥品の増加」と「イレギュラーな手作業の増加」が単純相関になるのは、「作業プロセスの変更」という両者に共通の原因が存在するか

らです。このように、複数の事象の共通の原因となる要素を**第三因子**と言います。2つの事象に相関性があり、かつ因果関係でない場合、第三因子が存在します。

第三因子が存在するかどうかは、最初に目をつけた相関性以外の別の他の相関性を探すことですから、相関性で述べたように常識感覚がものを言います。もちろん、「絶対に他の要因は存在しない」ことを証明するのは困難ですが、アンテナを広く張って常識を働かせることで、大きな見落としは防げるでしょう。

演習13　相関係数

ある工場で、表のようなデータが得られました。平均気温とガスの使用量に相関係数を調べてください。

また、X月の平均気温が13度と予想されているとき、X月のガス使用量を予測してください。

	平均気温	ガス使用量
1月	7	103
2月	4	99
3月	10	83
4月	13	77
5月	15	63
6月	20	57
7月	25	50
8月	28	44
9月	24	49
10月	17	69
11月	11	86
12月	9	96
X月	13	?

◆4 わかりにくい因果関係

　繰り返しますが、因果関係・単純相関・独立という事象間の関係の中で、ビジネスにおいて重要なのは因果関係です。さまざまな事象の中で因果関係があるかどうかを確認します。

　ただ、現実には、関係が明確なケースばかりではありません。因果関係がわかりにくくなる状況としては、主に次の5つが考えられます。

① 原因と結果の結びつきが弱い場合
② 原因が多段階になっている場合
③ 原因と結果がそれぞれ多数ある場合（とくに原因が多数ある場合）
④ 原因と結果が相互に作用し合う関係（いわゆる「ニワトリと卵の関係」）
⑤ 単純相関（相関関係）と紛らわしい場合

　ここまでの説明の再確認を含めて、5つのケースを事例・演習によって確認します。

（1）原因と結果の結びつきが弱い場合
　因果関係には強弱があり、弱い場合には関係がわかりにくくなります。

例	原因と結果の結びつき
	会社に早く来る人の仕事の能率は高い

　「早い出社」と「高い仕事の能率」は、因果関係・単純相関・独立のどれに当てはまるでしょうか。答えはおそらく、状況によって違ってく

会社に早く来る人は仕事の段取りを整えて始業を迎えることができ、能率が上がるので、一定の因果関係があると考えることができます。ただし、朝によいスタートを切ることの効果が一日中持続することはないでしょうから、「早い出社」の原因と「高い仕事の能率」の両者の結びつきはかなり弱いと思われます。因果関係だとしても、弱い関係です。

　一方、会社に早く出社しても、スポーツ新聞を読んだり、タバコを吹かしているだけでは、仕事の能率は上がりません。この場合、「早い出社」と「高い仕事の能率」は独立です。

　さらに、単純相関と見ることもできます。皆さんの周りにも、やる気満々、誰よりも早く出社してバリバリ働いている人がいませんか。この場合、「早い出社」と「高い仕事の能率」は、「モチベーションが高い」を第三因子とした単純相関と考えることができます。

　この例では、因果関係と単純相関・独立の境界線は微妙であること、因果には強弱があることを確認しておいてください。

（2）原因が多段階になっている場合

　複雑な問題の原因を深く掘り下げようとすると、「原因の、そのまた原因は？」と多段階になります。トヨタには「なぜを5回繰り返せ」という言葉があるように、多段階であること自体はよいことです。

　ただし、多段階になると、どうしても事象間の蓋然性（がいぜんせい。ある事柄が起こる確からしさ）が低くなりがちです。

例	原因が多段階
	風が吹けば桶屋が儲かる

「風が吹く」→「埃が舞う」→「目が見えなくなる」→「三味線弾き

が増える」→「三味線に猫の皮を張る」→「猫が減る」→「ネズミが増える」→「ネズミが桶をかじる」→「桶屋が儲かる」

　この中では、おそらく「埃が舞う」→「目が見えなくなる」と「ネズミが増える」→「ネズミが桶をかじる」の2つはかなり蓋然性が低いでしょう。因果の連鎖の中に、こうした蓋然性の低い関係が入っていると、とんでもない結論になるのです。

(3) 原因と結果が多数関係する場合

　原因と結果の関係は、1対1とは限りません。1対多、あるいは、多対多であることがよくあります。このような場合、関係の把握が難しくなります。

例	原因と結果が多数関係

〔原　因〕金融政策の失敗、財政政策の誤り、個人消費の低迷、輸出の減少……。

⇩

〔結　果〕景気の悪化

　「景気の悪化」という結果には、多数の要因が絡み合っています。また、「景気」という結果も、実はたくさんの変数を総合した結論で、結論自体が何を意味しているかもわかりにくくなっています。

(4) 原因と結果が相互に作用し合う関係

　事象間の関係は一方通行とは限らず、原因と結果が相互に作用し合う関係、いわゆる"ニワトリと卵の関係"を形成することがあります。

| 例 | ニワトリと卵の関係 |

　生産コストが低い会社は、低価格販売によって販売シェアが高まる。

　この記述からは、「低コストの生産」→「低価格販売」→「販売シェア上昇」の因果関係の連鎖がまず想定できます。ただし、販売シェア上昇によって大量生産による規模の経済性が働き、単位当たりの生産コストを低下させる、逆の因果関係もあります。

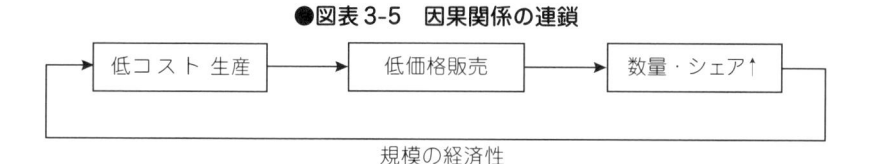

●図表3-5　因果関係の連鎖

```
→ 低コスト 生産 → 低価格販売 → 数量・シェア↑ →
              規模の経済性
```

　このような循環の状態に気がつかないと、「販売シェアを上げるために、まず生産コストを下げよう」となりがちです。しかし、関係が循環していますから、必ずしも「低コスト生産」からスタートする必要はなく、生産コストが高い段階でも原価割れで低価格化する戦略が考えられます。実際に、電気製品などでは新発売の当初は製品開発などのコストがかかりますが、低価格販売でシェアを増やす戦略がよく採られます（市場浸透価格と言います）。あるいは、M＆Aによっていきなり「販売シェア上昇」から始めることもできます。

| 演習14 | ニワトリと卵の関係 |

　W大学について、「W大学の学生は優秀である」「W大のOB・OGは社会で活躍している」の2つの事実を確認できました。
　あなたがW大学の学長であるとしたら、この好ましい関係を発展させるために、どのような手を打ちますか。考えうる手段を列挙してください。

(5) 単純相関と紛らわしい場合

先ほど（1）でも触れましたが、因果関係と単純相関の境界はあいまいです。単純相関なのか、因果関係なのかは、第三因子が存在するかどうかで判別することができます。

| 例 | 単純相関と紛らわしい場合 |

「A社は給与水準が高い」と「A社は株価が高い」

この例では、「A社は給与水準が高い」→「社員のモチベーションが高い」→「社員がよく働く」→「A社は高収益」→「A社は株価が高い」の因果の連鎖を想定できなくはありませんが、図のように「収益性」を第三因子とする単純相関と見るのが自然でしょう。

●図表3-6 「収益性」を第三因子とする単純相関

```
              因果関係
    ┌──────┐ ←──×──→ ┌──────┐
    │給与水準│          │高株価│
    └──────┘ ←──○──→ └──────┘
        ↖   単純相関    ↗
            ╲         ╱
              ⬭収益性⬭
```

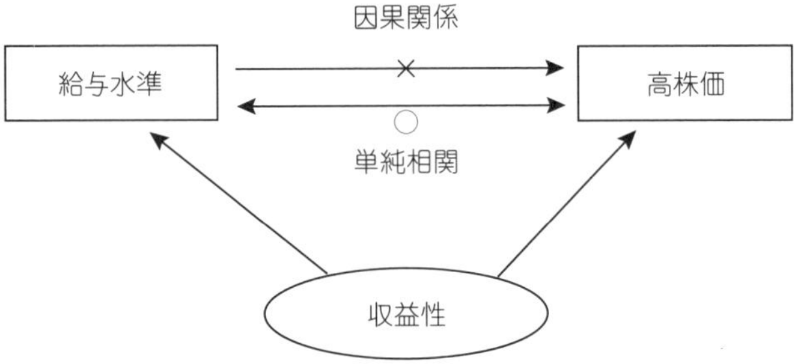

| 演習15 | 単純相関との混同 |

ある企業のボーナス支給額を調査したところ、社員のボーナスと子供の数は以下のとおりでした。

子供が3人以上いる社員：平均350万円
子供が2人いる社員：平均250万円

子供が1人いる社員：平均200万円

子供がいない社員　：平均100万円

この結果を見た人事コンサルタントが次のように解説しました。

＊　　＊　　＊　　＊　　＊

「この会社では、子供の数を考慮して査定し、ボーナス支給額を決定していると考えられる」

＊　　＊　　＊　　＊　　＊

この人事コンサルタントのコメントは論理的でないと思われます。どこが論理的でないかを説明してください。

チャレンジしてみよう

あなたが所属する企業でも、収益性・成長性という企業の目的とはあまり関係なさそうな施策・制度があるかと思います。そうしたものを一つ取り上げて、以下を分析してください。

① 施策・制度の内容
② 企業目的との因果関係はありますか。関係はどの程度強いでしょうか。
③ 因果関係がない、弱い施策・制度を実施している理由は何でしょうか。

第4章
論理の構造化

　本章では、複雑な状況を整理し、階層構造を作り上げる技法を検討します。情報を整理・分類するには、クライテリア（切り口）によってグルーピングし、ディメンジョン（考察対象の抽象水準）を揃え、MECE（モレなく、ダブリなく）にすることに注意します。最終的には、階層構造をロジックツリーなどで体系化します。

1 なぜ構造化するのか

　第3章までは、論理展開や事象間の関係といった基本的な内容でした。この章からは、少し応用的な内容に進みます。その最初は、複雑な事象の構造を整理して分析・説明するということです。

　多くの情報があり、複雑に要因が絡み合う状況に直面したとき、われわれは要因を分類・整理して、全体の構造を明らかにして対処します。こうした思考作業のことを**構造化**と呼びます。われわれは複数の事象をありのままに認識するのではなく、意識・無意識にそこにある関係を構造化します。

　例えば、企業の組織を見るとき、事業部門・経営機能（営業・製造・研究開発・経理など）といったヨコの関係で見たり、経営層・中間管理職・一般社員といったタテの関係で見たりします。そして、ヨコの関係・タテの関係による整理に基づいて、「わが社は研究開発の機能が強い」「中間管理職に余剰感があり、組織の活力をそいでいる」といった分析、さらに対策を採ります。

　よく「虚心坦懐に、ありのままに物事を捉えよ」と言われたりしますが、われわれは、ある事柄をありのままに見るということはありません。必ず要素に分けて、構造を明らかにしようとします。その構造の作り方がビジネスの進め方、成果を大きく左右します。

2 グルーピング

　構造化の最初のステップは、**グルーピング（分類）**です。グルーピングとは、複数の事象を同じものと違ったものに分けることです。

　例えば、商社である営業担当者が得意先8社を担当している場合、8社をまったく同列に取り扱うことはないでしょう。意識・無意識の内

に、グルーピングをします。例えば、次のような具合です。

- 売上の大きい得意先／小さい得意先
- 当社の方針に忠実な得意先／反抗的な得意先
- 当社をメイン仕入先としている得意先／当社以外をメイン仕入先としている得意先
- 地理的に近い得意先／遠い得意先
- 好きな得意先／嫌いな得意先

そして、こうしたグルーピングを意識して、「この1年間は、当社以外をメイン仕入先としている得意先を重点ターゲットにして、拡販のために営業展開していこう」などと、各グループに応じた営業、お付き合いをするはずです。

適切なグルーピングができるかどうかで、ビジネスの成果が大きく変わってきます。この例では、数あるグルーピング方法の中から、「当社をメイン仕入先としている得意先／当社以外をメイン仕入先としている得意先」という切り口を選びました。この切り口が組織・個人の目標やビジネスの状況などと勘案して合理的であれば、よい営業活動が期待できます。

グルーピングをするときには、何らかの切り口を用います。考察対象を分類する場合の基準、切り口のことを**クライテリア**（criteria）と言います。

ビジネスでは、できるだけたくさんのクライテリアを持つとよいでしょう。たくさんの切り口を持っていて、問題の内容などに応じて使い分けるわけです。クライテリアを多く持っていることは、物事を多面的に見ていることを意味します。

演習16　クライテリア

　自動車メーカーの営業担当者が、「自動車市場（あるいは自動車そのもの）」を何らかのクライテリアで分類することになりました。考えられるクライテリアを列挙してください。

演習17　情報の分類

　ある家電製品に関して、お客様から次のような9つの意見が寄せられました。適切なクライテリアによって、情報をグルーピングしてください（1とおりだけでなく、2とおり目の分類方法も考えてみてください）。

＊　　＊　　＊　　＊　　＊

① 2万円という値段は高い
② 通販で買えるのは便利
③ デザインがよい
④ 家電量販店で扱って欲しい
⑤ 色が3色とは少なすぎる
⑥ テレビCMがダサい
⑦ 使い方がわかりやすい
⑧ 2台買ったら値引きして欲しい
⑨ ダイレクトメールで製品発売を知った

チャレンジしてみよう

　あなたの仕事で複数の取引先（あるいは仕入先・パートナー）がある場合、それらを分類し、考えられるクライテリアを列挙してください。また、そのクライテリアの中で、あなた（あるいは所属部署）がどのよ

うなクライテリアを重視しているかを確認してください。

チャレンジしてみよう

あなたの職場のメンバーを複数のクライテリアで分類してください。また、そのクライテリアから、あなたのマネジメントの特徴・スタイルを分析してください。

③ MECE

クライテリアを使って情報をグルーピング・整理するとき、われわれは「すべての要素が出尽くしていて、モレがないか」と「出てきた要素がダブっていないか」の2つを意識する必要があります。

例えば、自動車市場を「国産車／外車」というグルーピングをすれば、自動車は国産車か外車のどちらかに分類できますから、分け方としてダブリもモレもありません。

しかし、「大衆車／ガソリン車」というグルーピングは不適切です。なぜなら、大衆車でありかつガソリン車というダブリがあり、他にも高級な電気自動車などモレがあるからです。

グルーピングにモレがなく、かつダブリがない状態のことを「**MECE**（Mutually Exclusive, Collectively Exhaustive ダブリなく、モレなく。"ミッシー"と読みます)」と言います。

モレとダブリの関係は、次の4とおりです。

① モレはないが、ダブリがある

デパートの顧客は「個人」か「法人・団体」に分類できますが、そこに「ギフト用」が入ってくると、個人のギフトも法人・団体のギフトもありますから、ダブリがあります。

●図表 4-1　モレとダブリの関係①

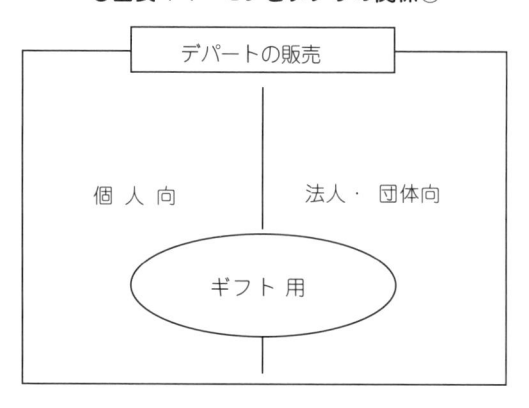

```
┌─────────────────────────────┐
│      デパートの販売         │
│                             │
│   個 人 向  │ 法人・団体向  │
│             │               │
│         ギフト用            │
└─────────────────────────────┘
```

② ダブリはないが、モレがある

●図表 4-2　モレとダブリの関係②

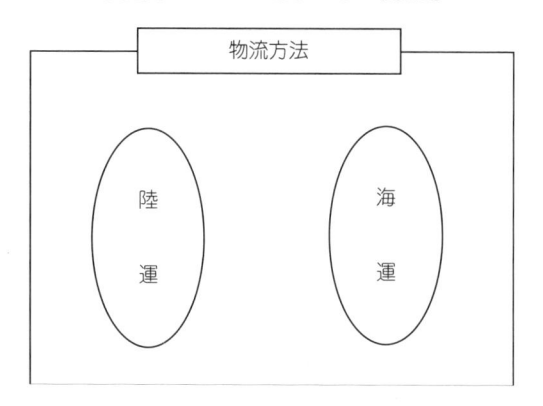

```
┌─────────────────────────────┐
│        物流方法             │
│                             │
│    ( 陸運 )    ( 海運 )     │
│                             │
└─────────────────────────────┘
```

　「陸運」と「海運」はダブっていませんが、他に「空輸」や「水運」がありますから、モレがあります。

③ ダブリもモレもある

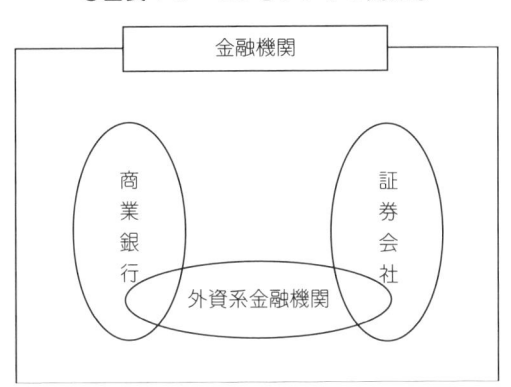

●図表 4-3　モレとダブリの関係③

```
┌─────────金融機関─────────┐
│                              │
│   ╱商╲          ╱証╲         │
│  │業 │         │券 │         │
│  │銀 │         │会 │         │
│  │行 │         │社 │         │
│   ╲_╱ ╱外資系金融機関╲ ╲_╱  │
│       ╲_____╱        │
│                              │
└──────────────────────────────┘
```

　外資系の商業銀行、外資系の証券会社がありますから、「商業銀行」と「外資系金融機関」、「証券会社」と「外資系金融機関」はダブっています。また、「保険」「投資銀行」「政府系金融機関」「ノンバンク」「カード」など他の要素がありますから、モレもあります。ダブリもモレもある、もっとも好ましくないグルーピングの状況です。

④ モレもダブリもない（MECE）

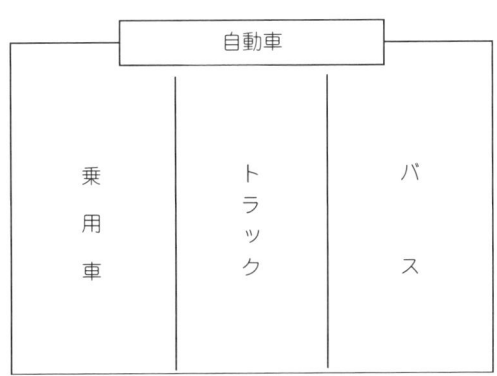

●図表 4-4　モレとダブリの関係④

```
┌──────────自動車──────────┐
│          │          │         │
│  乗用車  │ トラック │  バス   │
│          │          │         │
└──────────────────────────────┘
```

このグルーピングでしたら、モレもダブリもありません。望ましいグルーピングといえます。

ビジネスのいろいろな局面で、MECEかどうかを確認することが重要です。よくプレゼンテーションなどで「私からの提案のポイントは4つあります」などという言い方をしますが、そういうときは必ずその4つがMECEかどうかをチェックするべきです。

演習18 MECE

ある機械メーカーの幹部の次のコメントは、論理的ではないと考えられます。どのように論理的ではないかを説明してください。

　　　　　＊　　＊　　＊　　＊　　＊

「ますますグローバル化する競争に対応するために、従来の一般機械事業部と特殊機械事業部に加えて、新たに海外事業部を設立することを提案したい」

チャレンジしてみよう

最近あなたが実施したプレゼンテーション・説明について、主要なポイントがいくつあったのか、そのポイントはMECEだったかどうかを確認してください。

チャレンジしてみよう

先ほどのP.64とP.65の「チャレンジしてみよう」で実施した分類が、MECEかどうかを確認してください。

④ フレームワークの活用

　情報をグルーピングする際、自分の頭でゼロからMECEを作り出すのは容易ではありません。そこで、考える取りかかりとして、既存のフレームワークを積極的に活用するとよいでしょう。

　ビジネスの状況を分析するために、これまで多くのフレームワークが開発されてきました。代表的なフレームワークには、以下のようなものがあります。分析したい内容に応じて活用します。

【SWOT分析】

　組織の環境を分析するフレームワーク。内的な強み（Strength）と弱み（Weakness）、外的な機会（Opportunity）と脅威（Threat）を包括的に列挙します。

【ヒト・モノ・カネ】

　経営資源の分類。これに「情報」「技術」が加わることもあります。

【QCD】

　製品・サービスを提供するときの効果は、Quality（品質）、Cost（価格）、Delivery（納期）の3つの視点から評価します。需要の3要素とも呼ばれます。品質を徹底的に高めると、コストアップになったり、納期が遅れるといった具合に、3つはトレードオフの関係にあることに注意を要します。

【3C】

　自社の事業の問題点を考える際には、3Cが基本になります。3Cとは、Company（自社）、Competitor（競合）、Customer（市場・顧客）です。

新規事業を始めるときなどは、3C分析を行うとよいでしょう。

【4P】

マーケティングの展開は、4Pで検討します。4Pとは、Product（製品）、Price（価格）、Promotion（販売促進）、Place（経路）です。

【5フォース分析】

業界の魅力度を考える場合、5フォース分析が有効です。5フォースとは、「新規参入の脅威」「代替品の脅威」「買い手の交渉力」「売り手の交渉力」「既存業者間の敵対関係」です。

【PEST】

組織から見て統制不可能な外部要因のことをマクロ環境と言い、Politics（政治・法規制）、Economy（経済）、Society（社会）、Technology（技術）に分類できます。

【AIDMA】

消費者の購買行動のモデル。商品・サービスに注目し（Attention：注意）、興味を持ち（Interest：関心）、購買欲求を持ち（Desire：欲求）、欲求を記憶し（Memory：記憶）、購入する（Action：購買）というプロセスを踏みます。

> 演習19　フレームワーク
>
> 90年代半ば以降、車・本・家電など、さまざまな製品で中古品のリサイクル・ビジネスが広がっています。その要因を分析してください。

各フレームワークの詳しい内容や使い方、その他のフレームワーク

は、拙著『経営戦略のフレームワークがわかる』（産業能率大学出版部）を参照してください。この他にも、いろいろなフレームワークがありますから、どんどんフレームワークを学び、積極的にビジネスで使うとよいでしょう。

よく「横文字のフレームワークをひけらかすのは欧米かぶれで、頭を使っていない証拠だ」と批判する人がいます。確かに、何も考えずにやたらとフレームワークばかり持ち出すのはいけませんが、場面に応じて適切に使いこなすという前提では、フレームワークは有効です。例えば、新規事業を提案するとき、何となく事業の状況を説明するよりも、「3Cで分析しました」とする方が、格段に説得力が増すはずです。先人の知恵は大いに活用するべきなのです。

チャレンジしてみよう

あなたの職場の状況をSWOT分析してください。そして、どの要因が今後の職場運営に大きな影響を与えるか考察してください。

チャレンジしてみよう

自社の製品を一つ取り上げて、売れ行きの良し悪しを4Pのフレームワークに従って分析してください。

⑤ ディメンジョン

構造化の次のステップは、分析する事象間の抽象水準の違いを明らかにして整理することです。

例えば、ある企業が消費者に「好きな食べ物」を調査したところ、「果物」「ポッキー」「饅頭」「大トロ」という回答がありました。

●図表4-5　ディメンジョンの違い①

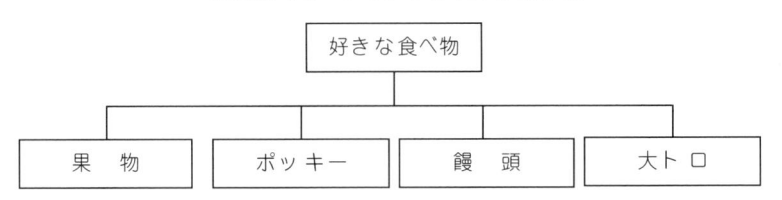

```
            好きな食べ物
    ┌─────────┬─────────┬─────────┐
  果　物   ポッキー   饅　頭   大トロ
```

　この場合、4つの回答を図のように並列に捉えると、違和感を覚えると思います。その違和感とは、4つの回答の内容がどこまで具体的か、レベル（抽象水準）の違いについてです。「果物」は抽象的ですが、「ポッキー」や「大トロ」は具体的です。

　考察する対象の抽象水準のことを**ディメンジョン**(Dimension)と言います。比較する事象間にディメンジョンの違いがあると居心地が悪いだけでなく、部分によって分析が浅い、深いとバラバラだということですから、好ましくありません。

　ディメンジョンの違いがわかるように図示すると、図表4-6のようになります。

●図表4-6　ディメンジョンの違い②

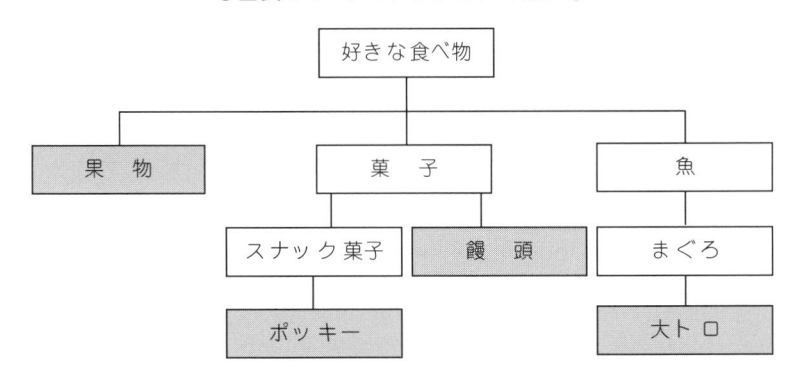

```
              好きな食べ物
    ┌──────────┬──────────┬──────────┐
  果　物      菓　子       魚
              │            │
         スナック菓子  饅　頭   まぐろ
              │                  │
           ポッキー             大トロ
```

　普段われわれは、複数の事柄のディメンジョンが違っても「何となく

違うな」という程度で、あまり気にしません。しかし、ビジネスでたくさんの情報を整理するときには、ディメンジョンの違いを意識することが重要です。

演習20 ディメンジョン

> ある企業の経理課長が課員に対して、次のように課の運営方針を説明しました。
>
> ＊　＊　＊　＊　＊
>
> 「経理課の本年度の方針は2つあります。一つは、経理業務の効率を上げること、もう一つは、新たに導入された国際会計基準の関係各部への周知徹底を図ることです」
>
> ＊　＊　＊　＊　＊
>
> この説明はやや論理的でないと考えられます。どのように論理的でないかを図を使って説明してください。

チャレンジしてみよう

先ほどP.71で検討した、自社の製品の売れ行きの4P分析について、ディメンジョンを意識して、再度整理してください。足りない情報を追加して、体系的に整理してください。

⑥ 構造化のアウトプット

情報の整理では、縦の関係としてクライテリアとMECE、横の関係としてディメンジョンを意識して体系を作り上げます。その結果できあがるものに、ロジックツリーや論理ピラミッドなどがあります。

例えば、金融取引で使われる担保にはいろいろな種類があります。分

類した担保をクライテリア・MECE・ディメンジョンを意識して整理すると、図表4-7のようになります。

●図表4-7　Whatツリー

```
担保 ─┬─ 人的担保 ─┬─ 保　証 ─┬─ 単純保証
　　　│　　　　　　│　　　　　 └─ 連帯保証
　　　│　　　　　　├─ 連帯債務等
　　　│　　　　　　└─ 債務引受
　　　│
　　　└─ 物的担保 ─┬─ 約定担保 ─┬─ (根)抵当権
　　　　　　　　　　│　　　　　　├─ 質　権
　　　　　　　　　　│　　　　　　├─ 仮登記担保
　　　　　　　　　　│　　　　　　└─ 譲渡担保等
　　　　　　　　　　└─ 法定担保 ─┬─ 留置権
　　　　　　　　　　　　　　　　　└─ 先取特権
```

　このようにある事象の構成要素を分解してツリー状に整理するものを構成要素型のロジックツリー、あるいは**What**ツリーと呼びます。

　ロジックツリーや論理ピラミッドによる体系化は、ビジネスの強力な武器になります。問題解決でよく使うWhyツリー、Howツリー、デシジョンツリーは、第6章「問題解決」で、論理ピラミッドについては第7章「コミュニケーション」でさらに詳しく検討します。

チャレンジしてみよう

　自社の組織図について、ディメンジョン・MECE・クライテリアという体系化の観点から適切かどうかを確認してください。

第5章
推論と思考法

　ある事実から別の命題を導くことを推論と言い、元の事実から距離がある一方、確からしい、価値のある推論を行う必要があります。推論は、市場規模の推計など、情報が制約された状況での判断にも応用できます。また、価値ある思考作業を行うには、思考の三原則やゼロベース思考が重要です。

1 推論とは

　本章では、事実に基づいて分析・主張することについて考えます。第4章では、多くの情報を整理し、構造化する技法について考えましたが、ここでは逆に情報から別の事柄を引き出す、思考を広げて展開していく方法について学びます。

　われわれの思考には、「愛とは何か」といった概念的な思考もありますが、ビジネスでよく行われるのは、ある事実を基点に、原因・影響といった別の事柄を考えるというパターンです。

　例えば、工場で火災事故が発生したという報告を受けたら、「燃料モレが原因だろうか」「何か人為的なミスがあったのだろうか」と原因を探ります。また、「出荷が遅れるだろう」「特別損失が出て、今期の決算は赤字だろう」などの影響を考えます。あるいは、「そういえば、3年前にも工場で火災があったな」と連想することもあるでしょう。

　与えられた命題や観察事象から別の命題を導くことを**推論**と言います。例えば、下の例では、推論が行われています。

例	推論
〔観　察〕最近、鈴木さんは欠勤が増えている ⇩ 〔命　題〕鈴木さんはモチベーションが下がっている	

　ビジネスでは事実を収集して終わりでなく、そこから推論を展開します。推論はあくまで仮説であり、事実によって推論が妥当かどうかを検証します。もちろん、第2章で説明した演繹法と帰納法も、事実からある結論を導き出していますから、代表的な推論です。

推論は、客観的であることが期待されます。ある観察事象からは複数の命題を導き出せるのが普通で、「いかようにも考えられる」状態では説得力ある分析にはなりません。

先ほどの「最近、鈴木さんは欠勤が増えている」という観察事象からは、「鈴木さんは体調がよくない」という命題や「鈴木さんは転職先を探しており、モチベーションが高い」という、まったく逆の命題も考えられます。これらのうちどれが妥当であるかは、推論（仮説）を補強する事実を収集する必要があります。

演習21　推論

次の文章の事実だけから客観的に推論できる内容は、選択肢1から5のうちどれでしょうか？（答えは1つだけです）

*　　*　　*　　*　　*

商社マンの中村さんは、小学校時代をアメリカで過ごした帰国子女で、TOEICが920点である。入社後は、ニューヨーク、香港など海外駐在のキャリアが長い。

1. 商社マンは、世間一般の人から見ると英語がよくできる。
2. 英語ができるほど、商社で仕事をするのに有利である。
3. 中村さんは、商社マンとして恵まれたキャリアを持っている。
4. 商社マンの中には、TOEIC 900点を超える人もいる。
5. 中村さんは、今後も海外駐在を中心としたキャリアを歩むだろう。

② 推論の価値

推論には、価値があるものと価値がないものがあります。推論の価値

とは、推論によって得られた命題が思考者にとってどのくらい有効なものであるかという度合いのことです。

推論が価値を持つには、2つの条件が必要です。

(1) 客観的に正しいこと
(2) 既呈命題（観察事象）の意味内容からの距離があること

例えば、次の例はどうでしょうか。

例	推論の価値

〔観　察〕昨年の冬はとても暖かった

⇩

〔命題①〕昨年12月、1月には、例年より真冬日が少なかったに違いない
〔命題②〕国民の医療費支出が減ったに違いない
〔命題③〕小売店舗で、冬物衣料の売れ行きが悪かっただろう

命題①は客観的に正しいでしょうが、これを聞いて「それがどうかした？」という印象を持ちます。命題が観察事象と同じ気象面のことを取り上げており、既呈命題からの距離が近いので、価値はありません。

一方、命題②は、気象とまったく違うことを述べているので、観察事象からの距離があります。ただし、「暖冬」→「国民が風邪をひかない」→「医療費支出減少」というロジックは蓋然性がやや低く、客観的に正しくありません。よって、命題②も価値がありません。

この2つに比べると、命題③は、観察事象の内容から距離があります。実際に冬物衣料が売れるかどうかは、消費者の所得、メーカー・販売業者の経営努力など他の要因に作用されますから、100％客観的に正

しいとは言えませんが、「だいたいそういうことだろう」と納得が得られます。命題③は、客観的で距離があるので、推論に価値があります。

> **演習22** 推論の距離
>
> 次の観察事象から推論できる命題を5つ指摘してください。さらに、5つの元の事象からの距離を近い順に順位付けしてください。
>
> 　　　　　＊　　＊　　＊　　＊　　＊
> 〔観　察〕社長が任期途中で退任することになった

③ ファクトベース

　ビジネスでは、事実に基づいて結論を導き出すことが重要です。事実に基づかずに「わが社には抜本的な組織改革が必要だ」と叫んでも、受け入れられません。組織がどのように悪いのか、それによってどういう弊害が生じているのか、といった事実によって結論をサポートすることが重要です。

　事実に基づいて考察することを**ファクトベース**(Fact-based)と言います。ファクトベースを心がけることによって、主張の説得力が高まります。また、一般的に知られ、妥当と思われる知識を援用することによって、推論の価値を高めることができます。

> **例** 知識の援用
>
> 〔観　察〕電機メーカーの決算が減収減益になった
>
> 　　　　　　　⇩
>
> 〔命　題〕電機メーカーの生産拠点の海外移転が進むだろう

この例では、命題を導き出すにあたって、「電機メーカーのコストに占める人件費の割合が高い」「海外の人件費は安い」といった知識が前提にあります。

　ビジネスにおいて価値ある推論を行うには、経済・社会・技術・経営などについての知識量を増やし、場面・状況に応じて適切に使い分ける必要があるのです。

演習23　推論の前提知識

> 　2008年以降、団塊の世代が大量に定年退職しています。このことをニュースで取り上げたニュースキャスターは、次のようにコメントしました。
>
> 　　　　　　＊　　＊　　＊　　＊　　＊
> 「製造現場では、技能の伝承が大きな課題になりそうですね」
> 　　　　　　＊　　＊　　＊　　＊　　＊
>
> 　団塊の世代の大量退職と製造現場での技能の伝承という命題の間にはどのような知識・前提が存在するでしょうか。考えうるものをすべて列挙してください。

　筋の通った、明快で説得力のある議論をするためには、事実と意見を区別することが大切です。意見（あるいは主張）とは、推論の中でも自分なりの意志を伴うもののことを言います。事実が意見を適切にサポートしているか確認し、足りない情報を明らかにします。

　例えば、コンビニエンスストアにおいて、関連がありそうな次の4つの事柄があったとします。

　A．近隣に競合店が出現した。
　B．このところわが店の販売数量は減少している。

C．わが店は、競合店との販売競争に負けている。
D．わが店は品揃えを強化しなければならない。

　上の分類ではAとBは事実、Cは推論、Dは意見です。コンビニエンスストアが対処すべき直接の問題はBで、解決策はDです。
　ここで4つの事柄が下図のような関係にあり、D「品揃え強化」という意見が解決策として説得力を持つためには、いくつか条件が必要です。

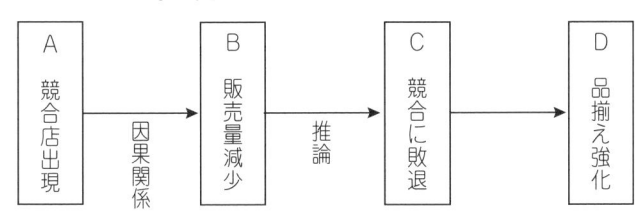

●図表5-1　競合店出現への解決策

| A 競合店出現 | →因果関係→ | B 販売量減少 | →推論→ | C 競合に敗退 | → | D 品揃え強化 |

　まず、AとBが、A「競合店の出現」が原因でB「販売数量減少」という結果が起こったという因果関係であるには、P.49で述べたとおり、以下の3つを調べる必要があります。

　①　AとBに連動性があるか（相関性）
　②　Aの方がBよりも先に発生したか（時間的先行性）
　③　Aの他には（有力な）原因が存在しないか（擬似相関の欠如）

　さらに、Dが解決策として説得力を持つには、販売競争に勝つには「品揃え」しか解決策がないか、他の解決策と比べて「品揃え」がもっとも有力な解決手段であることが条件になります。
　これらの情報を調べると、D「品揃え強化」という意見が説得力を持ちます。

以上のように、事実と意見を峻別し、足りない情報を補足することによって、議論の説得力が高まります。

> **演習24** ファクトベース
>
> 　コンサルタントのあなたは、クライアント企業へのインタビューなどによって次の4つの情報・意見を得ました。Dの「成果主義を見直すべき」という主張が成り立つには、どのような条件・知識が必要でしょうか？　どのような点を調査すればよいでしょうか？
>
> 　　　　　　　　　＊　＊　＊　＊　＊
> 　A．わが社は、2年前に成果主義の人事制度を導入した。
> 　B．わが社は社風が停滞し、社員のモチベーションが低下している。
> 　C．成果主義は他社でもうまく機能していない。
> 　D．わが社も成果主義を見直すべきだ。

チャレンジしてみよう

　最近あなたが提案・主張した事柄を振り返って、次のような観点から妥当性を確認してください。
　① 事実と意見を明確に分けていましたか。
　② ファクトベースに留意し、主張をしていましたか。
　③ 主張をサポートする十分な事実を収集していましたか。

❹ フェルミ推定

　ファクトベースは重要ですが、確たる結論を出すのに十分な情報を集めることができるとは限りません。事実が限られる中でも、ともかく仕事を前に進めるために「だいたいこれくらいだろう」と推測することが

よくあります。

　知識を援用した推測は、下の例のように、定量的な推測にも活用することができます。仮定や推測をいくつも組み合わせて「概ねどのくらいになるか」と見積もることを**フェルミ推定**と言います（フェルミは原子爆弾の開発で有名なイタリアの物理学者）。

例	フェルミ推定

　日本におけるシャンプーの市場規模はどれくらいか？

　いろいろなアプローチが考えられますが、「人口12,500万人×1人年間4本使用×単価400円」という計算から、「約2,000億円」という推測が得られます。

　ここで、使用した3つの知識のうち、「人口12,700万人」は誰もが知っており妥当性も高いのに対し、「1人年間4本使用」と「単価400円」は周知性や妥当性でやや劣ります。とはいえ、人々の常識感覚から納得のいくものであり、「約2,000億円」という推測の納得感も高いでしょう（実際にそれくらいの規模です）。

演習25	フェルミ推定

　英会話など語学学校・語学教室の市場規模をフェルミ推定してください（年間○○億円）。

チャレンジしてみよう

　あなたの会社が販売している製品・サービスを一つ取り上げて、その市場規模を推定してください。

◆5◆ 思考のパラダイム

　価値ある推論を行うためには、観察事象（事実）と知識、あるいは知識と知識を組み合わせて思考実験を行います。知識を増やすとともに、柔軟な思考態度を持ち、適切な思考法を用いることが重要です。

　人間は、事実や知識を"ありのまま"に観察・認識・利用するわけでなく、個性的なものの見方、あるいは先入観を持って観察・考察します。ものの見方がある集団において共有され、物事を判断する共通の価値基準となっているとき、これを**パラダイム**(Pradigm)と言います。

　例えば、ある中堅社員が、彼の上司が行っていた市場分析業務の一部を率先して実施したとします。協調的な人間関係を基盤とする日本型パラダイムでは、彼は「自分の枠にとどまらず、他人のことを考えて行動する優秀な社員」という高い評価になります。一方、競争的な人間関係を基盤とする米国型パラダイムでは、彼は「上司の仕事を奪って出世しようとする、油断ならないヤツ」という低い評価になります。

　つまり、パラダイムが違えば認識が異なり、誰にも共通して客観的に物事を認識することは期待できないということになります。

　ここで「客観性とは何なのか」という問題が出てきます。われわれは、すべての人が同じ認識を持つことを客観的な状態だと考えがちですが、そうではありません。社会学者のマックス・ウェーバーは、社会や経済に関する認識の客観性とは、認識の前提となる価値基準が明らかになり、認識がどのような特殊性・限界を持っているのかがわかる状態のことだとしています。

　人間が価値基準・パラダイムを持たないことは考えられません。自分あるいは他人がどのような価値基準・パラダイムを持ち、どのように物事を捉えているかを明らかにすることが重要なのです。

> **チャレンジしてみよう**

あなたが行った重要な意思決定を取り上げて、次の観点から分析してください。
① 意思決定は、どのような価値基準、パラダイムに則っていましたか。
② 他にどのようなパラダイムが考えられたでしょうか。
③ 他のパラダイムを考慮したとき、あなたの意思決定は妥当だったでしょうか。

◆6◆ 思考の三原則

同じ事実・知識に接しても、そこから多くの幅広いメッセージや仮説を導き出せる人もいれば、そうでない人もいます。最初から決め打ちせず、あらゆる仮説を考慮し、事実・知識からより多くの価値ある意味合いを見つけ出そうとするのが、好ましい思考態度でしょう。

好ましい思考態度のあり方について、陽明学者の安岡正篤は、次のような「思考の三原則」を唱えています。

一．目先にとらわれないで、できるだけ長い目で観察する。
二．一面にとらわれないで、できるだけ多面的、できるならば全面的にも考察する。
三．枝葉末節にとらわれないで、できるだけ根本的に観察する。

筆者も、コンサルティングでクライアントの問題点を分析するときなど、例のように、努めて「思考の三原則」を使うようにしています。

| 例 | 思考の三原則 |

　ある部品メーカーは、高品質の精密部品を製造し、顧客の電機メーカーから高い信頼を得ています。ところが、角度を変えて分析すると、いろいろな問題が見えてきました。

　受注がどんどん拡大し、現在の業績は絶好調ですが、5年、10年後を見ると、顧客の電機メーカーの海外進出が進み、国内中心の事業体制では受注の先細りが懸念されます。【長い目で観察する】

　無駄のない効率的な生産方式を誇っていますが、従業員・組合からは長時間労働など労務管理の問題、物流委託業者からは24時間出荷体制による過重労働が指摘されています。【多面的に観察する】

　また、ゲーム機用など好調な特定の部品への依存度が高まり、多角経営によって安定的な成長を目指すという経営目標からはだんだん離れつつあります。【根本的に観察する】

　このように、「思考の三原則」を意識的に使うと、それまでと違った様子が見えてきます。世の中にはいろいろな思考法が提唱されていますが、ポイントは「思考の三原則」に集約されるのではないかと思います。

チャレンジしてみよう

　自分自身のここまでの職業キャリアを簡単に振り返えった上で、今後のビジネスパーソンとしての目標を考えてみてください。

　さらに、その目標を「思考の三原則」によって再検討してみください。

　（あなたの職場の状況・目標についても、同様の検討をしてみるとよいでしょう）

⑦ ゼロベース思考

　価値ある推論をするには、知識量や思考態度とともに、思考を効率的・効果的にする技法を習得するとよいでしょう。いろいろな思考法が提唱されていますが、ここではゼロベース思考を紹介します。

　ゼロベース思考とは、既成概念の枠を取り外して考えることです。環境変化が激しい時代においては、既成概念の枠の中に有効な解が見つからないことも多く、既成概念やさまざまな規制、部門間の壁を取り外した視点から考えることが重要です。

　ゼロベース思考を実践するための発散思考技術として、ブレーン・ストーミング(brain-storming)があります。ブレーン・ストーミング（以下、ブレストと略します）とは、個々が持っている知識や情報を、共通の場で吐き出させる討論の方法です。

　複数のメンバーで、あるテーマについて、思いつくままに自分の考えを出していきます。多くのアイデアが出されていく中で、それら出された異質な意見・アイデアを組み合わせ改善し、一種の化学反応を起こすことにより、一層洗練させたアイデアを生み出し、それを繰り返す過程で連鎖的にアイデアを生み出していきます。

〔進め方〕
　① グループを編成し、自由奔放に発言する。
　② より多くのアイデアを出す（質より量）。
　③ アイデアの組み合わせと改善を行う。

〔ブレーン・ストーミングの4原則〕
1. **自由奔放**……深く考えずに、アイデアや思いつきを発言します。「こんなことを言ったら笑われるかな」などという気持ちは必要ありま

せん。思いついたとたんどんどん挙げていきます。
2. **批判厳禁**……他人の発言を批判してはいけません。批判されると、次からはアイデアを思いついても、批判を恐れて言わないで済ませてしまうので、「自由奔放」の原則が崩れます。
3. **便乗歓迎**……他人の意見に便乗して、その意見から連想されたことを発言することもOKです。この原則によって、意見と意見の結合が討論の中で行われます。
4. **質より量**……質を考えず、とにかく量を生むことに集中します。とにかくたくさん意見を出すことで、問題を多角的に分析できるようになります。

　ブレストは大変効果的な方法で、コンサルティングではクライアントの問題点を考えたり、解決策をアイデア出ししたりするとき頻繁に行います。創造的な仕事をするには、必須の技法といっていいでしょう。
　ただ、何の道具もいらずルールも単純そうですが、実際にやってみると、なかなかうまく実行するのは難しかったりします。最初は調子よくやっていても、少し時間が経つとダラダラとして、いつもの四方山話（よもやまばなし）と違わなくなってきます。
　ブレストがなかなかうまくいかないのは、2つ目の原則「批判厳禁」が難しいからです。人間は判断力を持っていますから、他人の意見を聞いたら「すごいねぇ」とか「もうちょっと頭を使ったら」と言いたくなるのが自然です。つまり、「批判厳禁」は「思ったことがあっても黙っていろ」ということですから、人間にとって非常に不自然な状態です。
　不自然な状態を長時間にわたって続けるのは難しいでしょう。したがって、ブレストは必ず10分とか20分とか時間を決めて実施します。「今から10分間ブレストするよ」などと事前に明示して、特別なことをしているのだとメンバーが認識できるかどうかが、ブレストの成否を分けます。

第5章：推論と思考法

演習26 ブレーン・ストーミング

　日本では、1990年代後半から所得格差が広がっています。あなたが起業家であるとしたら、この事実からどのような新ビジネスを行いますか？　ブレストでアイデアを出してください。

≪コラム≫ ブレーン・ストーミングは有効か？

　ブレストに代表される自由発想法は日常のビジネスで幅広く活用されていますが、本当に有効なのでしょうか。ブレストの効果を証明しようとした有名な実験が、2つあります。イーディス・ワイスコップ＝ジェールソンとトーマス・エリセーオの研究、ジョン・ブリルハートとルレーネ・ジョカムの研究です。

　実験方法は少し異なりますが、分類や批判ありの通常の検討とブレストの結果を比較したところ、2つの実験に共通した結論は、ブレストよりも通常の検討方法の方が独創的な意見が多く出たということでした。

　つまり、ブレストの効果は大変疑わしいということになります。グループ討議で起きやすい持たれ合いや無意味な拡散よりも、問題（テーマ）領域を絞った方がメンバーの思考の焦点が合わせやすいし、集中・深化しやすいのではないか、ということです。

　とはいえ、考えたり、議論したりするきっかけ作り、議論を活性化させる雰囲気づくりとして、ブレストには大きな効果があると思われます。独創的な仕事をしている職場では、厳密にブレストをしていなくても、自由に意見を発散させる時間を持っています。

　ブレストと批判的考察のどちらかでなく、両者を組み合わせるのが有効ではないでしょうか。つまり、最初はブレストで議論を活性化させ、ある程度アイデアが出尽くしたようなら、批判的考察に移行する、という手順です。

チャレンジしてみよう

あなたの職場にどのような問題点があるのか、ブレストをしてください（複数のメンバーを集めて、半年に1度とか定期的に実施するとよいでしょう。また、必ず制限時間を決めて実施するようにしてください）。

第6章

問題解決

　本章では、ロジカルシンキングの問題解決への応用を学びます。複雑な問題を解決するためには、的確なプロセスを踏むこと、イッシューの構造を明らかにすること、ロジックツリーなどの技法を用いることが重要です。問題解決に有効な論理技法としては、原因を整理するWhyツリー、解決策を整理するHowツリー、意思決定構造を整理するデシジョンツリーなどがあります。

① 複雑な問題に対処する

　ロジカルシンキングの応用分野として、問題解決があります。本章では、問題解決をどのように行うか、問題解決プロセスの中でどのように論理的な技法を使うかを考えていきます。

　ビジネスにおいて、われわれは絶え間なく問題解決を迫られます。部下の管理、製品の不具合のようなトラブル、他社との競争など、さまざまな問題を解決することによってビジネスを進めます。

　組織の中でもポジションが低いうちは、上司が示す決められた業務をいかに効率よくこなすかが中心で、それほど頻繁に問題解決に取り組むというわけではありません。ところが、職責が大きくなるにつれて、業務の中で問題解決に取り組む機会が増えてきます。マネジャークラスでは、仕事の多くを問題解決が占めるようになります。

　経営者・管理者は、まさに"問題解決業"といってよいでしょう。経営者・管理者がいかに組織にとって重要な問題を的確に捉え、効果的に解決できるかが、組織のパフォーマンスを決めます。当然、問題解決のスキルに卓越する必要があります。

　われわれは問題に直面すると、「困ったなぁ」「何て俺は運が悪いんだ」と落ち込むのが普通です。しかし、問題が明らかになり、それを創造的に解決することによって、組織が生まれ変わります。自分自身のビジネススキル・経験も深まります。問題は決して悪いことではなく、組織と自分自身を変革する絶好のチャンスなのです。トヨタのような優れた企業は、組織全体が問題解決に率先して取り組んでいます。

　われわれがビジネスで対処するべき問題には、単純な問題と複雑な問題があります。複雑な問題とは、次の4つの条件に当てはまる問題です。

① 何が問題なのかよくわからない

　ビジネスでは、どうも好ましくない状況なのだが、何が問題になっているのか、あるいは、本当に問題なのかどうかがわからない、ということがよくあります。

② 原因が多数ある。何が真の原因かよくわからない

　問題を認識できたとしても、なぜその問題が発生したのか、原因がよくわからない場合があります。原因が多数あって絡み合っていると、状況の把握が難しくなります。

③ 解決策が多数ある。どれがベストの解決策かよくわからない

　問題によっては解決策が多数あり、どれがベストの解決策なのか判断に迷うことがあります。たくさんの解決策からどれを実行するか選ぶとき、費用対効果で定量的にバシッと判断できればよいのですが、そう簡単に割り切れるとは限りません。複数の決定基準があり、価値観のぶつかり合いという様相を呈します。

④ 解決策の実行が難しい

　解決策がはっきりしていても、それを実行して成果を上げるのが難しいことがあります。実行のために必要なリソース（ヒト・モノ・カネ・情報・技術・時間など）が確保できなかったり、実行を心理的に躊躇（ちゅうちょ）してしまったりします。また、解決策によって不利益を被る部門・個人の抵抗も考慮しなければなりません。

　第1章でも触れたとおり、ビジネスでは複雑な問題に直面する機会が増えています。単純な問題がなくなったということではありませんが、複雑な問題に対処することが、ビジネスの成果を左右するようになって

います。

❷ 問題解決プロセスと論理技法

　単純な問題なら、何が問題であるかを即座に認識し、次の瞬間にどういう解決策を採るべきかがわかります。あとは、気合を入れてどこまで粘り強く取り組むかどうかです。

　しかし、複雑な問題を解決するためには、合理的なプロセスを踏んで解決に取り組む必要があります。問題解決のプロセスは、大きく次の4ステップに分かれます（人によっては、10段階にも15段階にも分けることがあるようですが、多段階に分けること自体には、あまり価値はありません）。

Ⅰ．問題発見・課題の定義
　あるテーマ・領域について分析し、問題点を抽出します。その問題点の中から、今後、対処するべき課題を形成します。
Ⅱ．原因の究明
　Ⅰで取り上げた課題について、原因を分析します。複数の原因がある場合、どれが問題の真因なのか特定します。
Ⅲ．解決策の立案
　Ⅱで特定した問題の原因について、解決策を立案します。複数の解決策がある場合、意思決定しやすいように体系的に列挙します。
Ⅳ．選択・実行
　Ⅲで複数の解決策がある場合、その中から特定の基準で解決策を選び、リソースを手当てして実行します。さらに、成果を確認し、定着させます。

　それぞれの段階ごとに、適切な論理技法・フレームワークを使うこと

が大切です。

詳しくは次節以降で解説しますが、まず、最初の「Ⅰ．問題発見・課題の定義」では、組織・個人にとって重要な問題を捉えるために、ブレストなどの発散技法によって、制約を設けずに問題点を考えます。また、SWOTなど環境分析のフレームワークを使って、体系的に内外の情報を整理します。

次に、「Ⅱ．原因の究明」では、たくさんある原因を整理し、真因を突き止めるために、Whyツリーを用います。

「Ⅲ．解決策の立案」では、たくさんある解決策を整理するHowツリーや不確実性のある決定を体系化するデシジョンツリーをよく用います。

なお、ⅠだけでなくⅡとⅢでも、折に触れてブレストを使い、「いったい原因は何だろうか」「もっとよい解決策はないだろうか」と考えます。問題解決プロセスでは、発散の思考（第5章を参照）と収束・体系化の思考（第4章を参照）を使い分けることが重要です。

●図表6-1　問題解決プロセスと論理技法

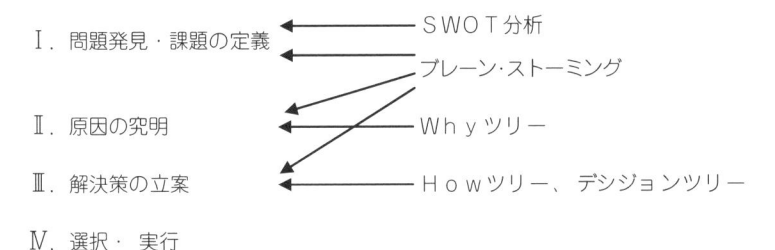

Ⅰ．問題発見・課題の定義　←　ＳＷＯＴ分析
　　　　　　　　　　　　　←　ブレーン・ストーミング
Ⅱ．原因の究明　←　Ｗｈｙツリー
Ⅲ．解決策の立案　←　Ｈｏｗツリー、デシジョンツリー
Ⅳ．選択・実行

もちろん、ただやみくもに技法を使えばよいということではなく、問題の内容に応じて適切に使い分ける必要があります。

チャレンジしてみよう

最近あなた（あるいはあなたの所属組織）が実施した問題解決を一つ取り上げて、以下のような観点から問題解決プロセスの妥当性を確認してください。

① 4段階のプロセスを踏みましたか。
② 課題の捉え方は適切でしたか。組織やあなた自身にとって重要な課題を捉えていましたか。
③ 問題について、原因を体系的に整理し、真因を突き止めていましたか。
④ 幅広く解決策を考えたでしょうか。
⑤ 基準を明確にして、解決に向けて集中的に実行しましたか。

③ イッシューの把握

ここからは、問題解決のプロセスに沿って、どのような点に留意するか、どのように論理的な技法を用いるか、について考えていきます。

問題解決プロセスにおいて、最初の課題（**イッシュー**：issue）の把握がもっとも大切です。"よい課題"を形成できれば、問題解決は8割方終わったと考えていいでしょう。逆に不適切な課題を取り上げて、それから後にどれだけ綿密に分析・検討しても、組織はよくなりません。手間をかけ、資源を無駄に投入する分だけ、むしろマイナスでしょう。

ここで"よい課題"とは、それを解決することによって、組織が発展したり、自分自身がレベルアップする課題です。

"よい課題"を捉えるには、**問題と課題を区別する必要があります**。日常あまり意識しないかもしれませんが、問題と課題は異なります。**問題とは、あるべき姿と現状の乖離**であり、**課題とは、解決すべき問題と解決の方向性**です。つまり、たくさん存在する問題の中から課題を形成

するというステップがあるのです。

　降りかかってくる問題に手当たり次第に対処するようではいけません。ビジネスには無数の問題があるのが普通で、その中から、重要性、緊急性、経営資源（ヒト・モノ・カネ・情報・時間など）の制約、といった基準によって、少数の課題を選び出して、重点的に取り組むわけです。当然、何を重要・緊急と考えるかの基準は人によって異なりますから、同じ状況に置かれても、人によって課題は違うことがよくあります。

> **例　イッシューの把握**
>
> 　マスコミのG社では、このところ40代半ばの有望な従業員が次々と自発的退職をしています。この状況について、G社のある幹部は「わが社の魅力が低下しており、由々しき事態だ。早急に抜本的な対策を打つべきだ」と主張しました。
> 　しかし、彼以外の幹部の多くは、「この時代、転職など当たり前」「40代半ばはバブル入社で人数が多すぎるから、多少辞めてくれてちょうどよい」「現状は、人手が足りなくて仕事が回っていないというわけでもないから、少し様子を見よう」などと語りました。
> 　結局G社では、問題について何も取り組んでいません。

　また、われわれは、クライアントからの要望や上司からの命令によって課題に取り組むことが多いわけですが、言われたことをそのまま取り組めばよいわけではありません。クライアントと自分では当然利害が対立することがあるでしょうし、上司は現場の細かい事情を把握しているとは限りません。クライアントや上司からの要望・命令をまったく無視しろということではありませんが、**自分なりの問題意識で課題を再定義する必要があります**。

　問題意識とは、問題について深く・多面的に考察する姿勢、あるいは

それによって本質的な課題を捉える能力のことです。すでに確認したとおり、問題とは、理想と現状のギャップでした。よって「問題意識が低い」状態とは、①現状の認識、②理想の認識の2つのいずれか（あるいは両方）がうまくいかず、"よい課題"に到達できない状況ということになります。

よく「もっと問題意識を高めろ！」と言われますが、気合いだけではだめです。具体的には、まず「①現状の認識」をしっかり行う必要があります。予見を持たずに虚心坦懐で素直に事象を見ること、SWOT分析などフレームワークを使って体系的に分析すること（第4章を参照）を心がけます。

次に「②理想の認識」については、組織やあなた自身にとって何が理想の状態なのかを考え抜くことです。われわれはどうしても現実に規定された狭い範囲であるべき姿を考えがちですが、視点を変えてとくに、思考の三原則（第5章を参照）を念頭に置いて、"そもそも"を問うようにするとよいでしょう。

演習27　イッシューの把握

次の文章を読んで、あなたがパール電機・電装部品営業部の宮本部長の立場であるとしたら、どのような課題を捉えますか？

*　　*　　*　　*　　*

パール電機（資本金80億円、売上高2,200億円、従業員1,000人）の電装部品営業部の2人の課長の間で、ある問題が発生した。

パール電機では、長引く業績低迷に対応するため、自動車用電装部品販売を中心とする電装部品営業部（売上高200億円）の組織を縮小再編成した。これまで3課体制（営業1課、営業2課、営業3課）から2課体制（営業課と業務課）になり、それにともない業務分担の再編成と統合が行われた。同時に人員も配置転換などで20％削減された。

第6章：問題解決

　新しい電装部品営業部の部長には、福岡支店次長だった宮本が就任した。従来の組織では、顧客グループごとに編成されていたが、この中の営業業務を営業課に、企画・支援業務が業務課に統合された。
　もともと営業3課で林課長の部下であった大野君は、今回の組織再編で営業課の小沢課長の下に配属された。大野君は、それまで担当していた顧客関係を含む業務を、新しい営業課においても引き続き担当することになった。小沢課長はそれまでは営業1課長で、大野君の担当について知らなかったことから、新組織スタートに当たり、大野君に担当業務の内容を説明させた。大野君については、元上司の林課長から「仕事熱心でできる男」という評価を聞いていたことから、細かい点についてはあまり質問せず、大野君に任せるというやり方をした。
　組織再編から7ヶ月が過ぎたある日、優良顧客とされてきた東西電気工業（資本金220億円、売上高620億円、従業員350人）が突然不渡りを出した。東西電気工業は大野君の担当で、調べてみると同社には約4億円の債権があることがわかった。早急に手を打たないと、全額貸し倒れになる可能性が出てきた。
　大野君の説明によると、東西電気工業とはブレーキ制御関係の部品を中心に年3億円程度の取引があった。大野君が担当になってから3年半が経っている。1年前から顧客側の担当者が代わり、その頃から同社からの支払いが遅れるようになった。具体的には、同社からは製品出荷時に約束手形を受け取って回収しているが、その手形期間が3ヶ月から6ヶ月に、6ヶ月が9ヶ月に書き換えられるようになった。
　大野君は「東西電気工業の経営状態がおかしい」と感じていた。しかし、新しい組織になったこともあり、何とか早く実績を上げたいと考え、上司には相談せず、顧客からの注文に応じて出荷伝票を切り続けたという。なお、新体制後の同社への出荷は2億円である。
　ここで、現上司の小沢課長と元上司の林課長の間で、今回の件の責

任を巡り対立が発生した。

小沢課長「7ヶ月前の新体制発足時、東西電気工業は優良企業で、同社とのビジネスは将来性のあるものだという説明を大野君から受けた。林課長からは、同社についてはとくに何の説明もないまま業務を引き継いだ。今回の問題債権の大半は林課長の時代のビジネスであり、本件の責任の大半は林課長にある」

林課長「東西電気工業は私が担当していた頃は優良顧客で、経営状況の悪化は新体制発足後のごく最近の話である。したがって、本件は最近の顧客動向の把握が十分にできていなかった小沢課長に責任がある。また、大野君は私の部下の頃には何事につけ相談にきていた。本件について大野君からは相談がなかったようで、そのような体制をとった小沢課長の組織運営に問題がある。管理不行き届きと考えてよいだろう」

チャレンジしてみよう

P.90のブレストによって出てきた職場の問題点から、今後対処すべき課題を形成してください。

まず、ブレストの結果を見て、「現状の認識」「理想の認識」の2つから他に問題点がないかを確認します。そして、問題をグルーピングした後、重要性、緊急性などを勘案して課題を形成します。課題をたくさん挙げる必要はありません。

≪コラム≫ 問題と課題は違う

本書では、問題と課題を区別していますが、皆さんはどうですか。改めて問われると「違うんだろうなぁ」と思うでしょうが、日ごろはあまり意識

しないかもしれません。

　例えば、目標管理やCDPといった管理システムで取り上げる項目は問題ですか、課題ですか？　少数の"課題"を取り上げていればOKですが、実際には、「部下の育成指導ができていない」「プレゼンスキルが不足」といった"問題"をたくさん取り上げて、半年後には多くの項目が未達成で「次年度に繰越し」となっていませんか？

　私はコンサルタントをしています。コンサルタントは、クライアントの問題を解決するのが仕事で、問題と課題を区別することがたいへん重要です。

　デキの悪いコンサルタントは、クライアントに対しあれこれたくさん問題を指摘します。どんな企業にも問題はたくさんありますから、問題を指摘するのは簡単なことです。難しく、価値があるのは、その中から重要課題を形成し、実際に解決することです。

　といって、クライアントから提示された課題をそのまま取り組むのでもいけません。コンサルティングは「販売チャネルを効率化して欲しい」といったクライアントからの要望、課題によって仕事が始まります。しかし、クライアントが企業を発展させる重要な課題を的確に捉えているとは限りませんから、要望はそれとして、「このクライアントの課題は何なのか？」と考え、依頼課題を定義し直します。

　つまり、外部者・専門家の視点からクライアントが提示する課題を再定義し、よい課題を形成し、解決できるのが優れたコンサルタントということになります。

　といっても、クライアントがこれまで必死に取り組んできたが解決できなかった問題を、突然やって来た部外者のコンサルタントが短期間で解決するのが容易でないことは言うまでもありませんが……。

④ 原因究明とWhyツリー

　たくさんの問題の中から課題を形成したら、続いて問題点の原因を分

析します。原因がわからないと、適切な対応をとることができません。

問題「作業のミスが増えている」、原因「スタッフが不足している」といった単純な状況ならば、原因をしっかり分析するまでもないでしょう。しかし、原因が複数あり、原因の先にさらに原因があるような場合、原因を体系的に整理する必要があります。この問題と原因の整理に有効なのが、Why ツリー（ロジックツリーの一種）です。

Why ツリーは、もっとも左に抽象水準の高い、好ましくない結果を配置し、右側にその具体的な原因を展開していきます。右に行くほどより具体的な原因になります。問題解決では、一番右の具体的な原因に対処することになります。

例えば、2005 年に起きた JR 西日本福知山線の脱線事故は、図表 6-2 のように Why ツリーに整理できます（正確な事故原因については諸説あるようですが）。

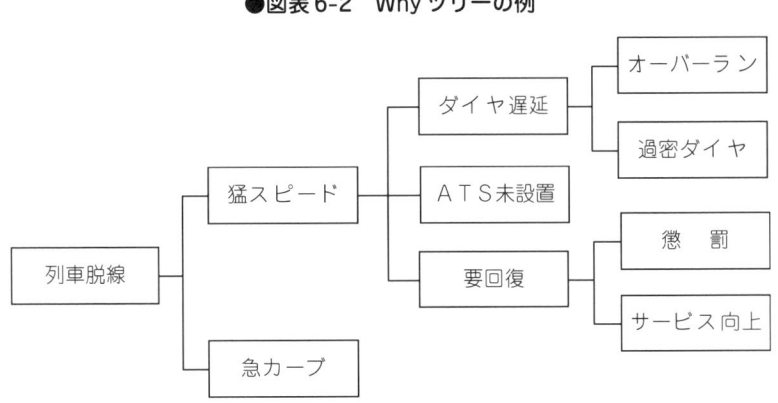

●図表 6-2　Why ツリーの例

```
列車脱線 ─┬─ 猛スピード ─┬─ ダイヤ遅延 ─┬─ オーバーラン
          │                │              └─ 過密ダイヤ
          │                ├─ ＡＴＳ未設置
          │                └─ 要回復 ─┬─ 懲罰
          │                            └─ サービス向上
          └─ 急カーブ
```

この例では、「列車脱線」という結果に対して、「猛スピード」「急カーブ」という直接の原因、さらに「猛スピード」の原因を右へと展開しています。右側にある具体的な原因に対処します。

情報量が少ない場合には、簡単にWhyツリーができるかもしれません。あるいは、そもそもWhyツリーを作成する必要がないでしょう。しかし、情報量が多い複雑な問題については、以下のような手順に沿ってツリーを作成します。

① まず、ある状況についてどのような問題があるのか、ブレスト（第5章参照）などの技法を使って発散的に要因を探ります。
② 次に集まった情報をグルーピング（第4章参照）します。
③ グルーピングされた内部で、情報間の因果関係を特定します。
④ MECEとディメンジョンを意識して体系化します。また「なぜを5回繰り返せ」を意識して掘り下げます（右側への展開）。

Whyツリーは構造化の技法ですから、第4章で紹介した構造化の考え方が当てはまります。左に行くほど抽象的、右に行くほど具体的という構造になっています。ディメンジョンが適切であること、縦の関係はMECEであることに注意します。

演習28 Whyツリー

次の文章を読んで、"レストランH"の現状の問題点と原因をWhyツリーに整理してください。

＊　＊　＊　＊　＊

レストランHは、東京都内のあるターミナル駅そばにあるフレンチ・レストランである。平成10年創業のこの地域では新しい店だが、本格的なフランス料理をリーゾナブルな価格で提供する店として人気を集めている。開店当初からグルメ雑誌で取り上げられたこともあって、若いカップルを中心に固定客を獲得し、順調に業績を伸ばしてきた。

ところが、今年に入ってから明らかに客足が鈍り、売上が前年実績を割り込む月が増えてきた。オーナー店長の真田は、接客スタッフを中心とした社員とミーティングを持ち、原因を究明することにした。接客スタッフからは、いろいろな意見が飛び出した。

　まず、料理の味が落ちたのではないか、という指摘が複数のスタッフから出た。Hでは、3人いたシェフのうち2人が昨年交替した。腕利きの後任を招聘したので問題ないと真田は考えていたが、常連客の間では、味の変化を指摘する声がある。

　味だけでなく、メニューが飽きられたかもしれない。Hでは3,500円、4,500円、5,500円という3種類のお手ごろ価格のコース・メニューを提供している。一方、お客さんの注文をコースに誘導するために、アラカルトは高めの価格設定をしている。コースの内容を月ごとに変えているが、十分でないということだろうか。

　Hの事業戦略は、コースをたくさん売って大量仕入で原価を下げる一方、ワインなどお酒で客単価を上げることである。コースを中心とした料理の客単価はそれほど変わらないが、ワインなどお酒の客単価が減少している。

　常連客からは、サービスが悪くなったという指摘が一部に出ているようだ。たしかに、新しく加入したシェフや調理補助と接客スタッフとの連携が悪く、お客ごとの料理内容や料理を出すタイミングのミスが目立つようになった。「雰囲気が暗くなった」という声もあるらしい。

　サービスの乱れは、客回転の悪化に繋がっているようだ。とくにランチタイムは、今まで客席が2回転以上あったが、最近は1.5回転くらいにまで落ち込んでいる。ランチタイムには行列ができて、ビジネス客に敬遠されるようになった。

　外部要因の変化も、客足の鈍りに関係あるように思われる。昨年

11月、Hのすぐ近くにフレンチ・レストランが出現した。高級店なのであまり影響ないと考えていたが、一部の高級志向の客がそちらに流れたようだ。
　最近では、Hがグルメ誌などメディアに取り上げられることが少なくなった。このままではジリ貧が予想される。

チャレンジしてみよう

　あなたの会社の決算が今期、増益あるいは減益になった要因をWhyツリーによって分析してください。

チャレンジしてみよう

　先ほどP.100で形成したあなた・職場の課題について、Whyツリーを作成してください。

⑤ 解決策立案とHowツリー

　問題の真因を特定できたら、解決策を立案します。
　解決策がわかりきっている場合は結構ですが、複雑な問題では、たくさんの選択肢があり、どれを実施してよいのか迷うことがよくあります。
　問題に対してたくさんの解決策がある場合、まず考えうる解決策を列挙した上で、Howツリーを使って多数の解決策を体系化します。
　Howツリーは、課題に対して解決策を整理するツリーです。もっとも左に抽象水準の高い課題（目的）を配置し、右側にその具体的な手段を展開していきます。右に行くほど具体的な手段になります。問題解決では、一番右の具体的な手段の中から一定の基準で特定のものを採用します。

作り方は、左・目的、右・手段という位置関係にする以外は、先ほどのWhyツリーとほぼ同じです。まずブレストによって発散的に解決策を出し、出てきたアイデアなどをMECE、ディメンジョンを意識して体系化していきます。

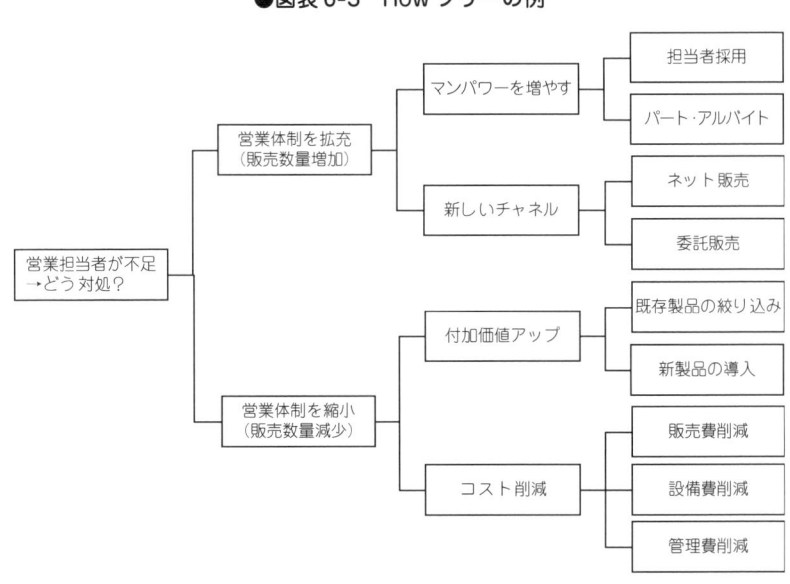

●図表6-3　Howツリーの例

```
営業担当者が不足    ┬─ 営業体制を拡充 ┬─ マンパワーを増やす ┬─ 担当者採用
→どう対処？       │  （販売数量増加）│                  └─ パート・アルバイト
                 │                 └─ 新しいチャネル   ┬─ ネット販売
                 │                                    └─ 委託販売
                 └─ 営業体制を縮小 ┬─ 付加価値アップ   ┬─ 既存製品の絞り込み
                    （販売数量減少）│                  └─ 新製品の導入
                                   └─ コスト削減      ┬─ 販売費削減
                                                      ├─ 設備費削減
                                                      └─ 管理費削減
```

　この例では、「営業担当者が不足」という問題について、どう対処するべきかをHowツリーで展開しています。一番右の「担当者採用」「パート・アルバイト」「ネット販売」「委託販売」……というのがもっとも具体的な解決策ですから、その中から妥当な解決策を選びます。
　注意していただきたいのは、一番左の課題です。「営業担当者が不足」というと、われわれは単純に「営業担当者を増やす」と"問題の裏返し"で課題と捉えがちですが、この例では課題を広く捉えています。個々の解決策の実現可能性やリスクといったことが気になるかもしれま

せんが、実際にどの解決策を実施するか決めるのは次の段階ですから、とりあえずそういうことは考えないようにします。この段階では、取りうる選択肢をすべて列挙することに集中するということです。問題解決では、**フェーズを分けて検討する**ことが重要です。

演習29　Howツリー

　システムインテグレーターのB社は、東京都内のビルに2フロアの事務所スペースを借りています。B社は業績が好調で、社員数がこの3年間で200名から350名に増加し、オフィスが手狭になってきました。管理部長の森本は、この状況に手を打つよう社長から指示を受けました。

　森本部長として取りうる解決策をHowツリーに整理してください（実現性などは考えず、考えうる方法をすべて挙げてから整理してください）。

チャレンジしてみよう

　あなたの職場で今後メンバーのモチベーションを上げるために、どのような解決策が考えられるでしょうか。解決策をHowツリーで整理してください。

チャレンジしてみよう

　P.100で取り上げた課題について、解決策をHowツリーで整理してください。P.105のWhyツリーの分析も参考にするとよいでしょう。

⑥ 一義的に決定する

　問題解決の最後は、代替案の選択と実行です。ここまでいろいろと分析し、アイデアを出し、それを整理してきましたが、最後で間違ってはいけません。「あれもやります、これもやります」式の決定不在や「足して2で割る」式のあいまいな決定では、よい問題解決は期待できません。

　課題の検討に十分な時間と情報を与えられることは稀ですが、時間・情報不足などの制約条件を恐れずに、一義的に意思決定します。

　一義的な意思決定を行うには、決定基準を明確にする必要があります。決定基準は問題の性格によって異なりますが、例えば次のようなものがあります。

〔選択肢の決定基準〕

① **期待効果**……必要とする投資・費用と得られる収入から十分な期待効果が得られるか。
② **実現性**……その代替案は自社の能力・経営資源で実現可能か。実施にあたっての制約条件はないか。
③ **リスク**……代替案の実施には、どのようなリスクがあるか。
④ **ストラテジック・フィット**(strategic fit)……その代替案は、企業理念、経営目標、経営計画といった上位の目標と適合しているか。また、組織やオペレーションの状況などと適合しているか。
⑤ **他部門への影響度**……決定の実施は、シナジー効果やイメージアップなどの好影響があるか。あるいはイメージダウン、社内の混乱などの悪影響を他部門に与えるか。
⑥ **発展性**……その選択肢を実施することで、別の事業展開があるなど、今後の広がりが期待できるか。

複雑な課題では、一つだけの基準だけを見て決定することは少なく、複数の基準を勘案することになります。その場合、選択肢と基準をマトリックス化して総合的に評価します。

> **例　決定基準**
>
> 輸送機器メーカーO社では、新規事業として不動産開発事業を実施することになりました。新規事業に進出するにあたり、組織形態として①新事業を担当する会社を作る（分社化）、②社内のプロジェクト、③新組織は作らず既存の事業部の中で対応する、という3つの選択肢が挙がりました。
>
> 経営企画部門では、選択肢の実現性、新事業創出のしやすさ、コスト、リスク、既存事業部門への影響という観点から3つの選択肢を評価しました。その結果、総合的に見て、プロジェクト組織が優れているという判断になりました。
>
> 新規事業創出のための組織体制
>
> | | 選択肢①
事業の分社化 | 選択肢②
プロジェクト組織 | 選択肢③
事業部制内部(現状) |
> |---|---|---|---|
> | 選択肢の実現性 | ○ | △ | ◎（対策必要なし） |
> | 新規事業創出の効果 | △（シナジー欠如） | ○ | × |
> | コスト | ×（会社設立費用） | △ | ○ |
> | リスク | × | △ | ◎ |
> | 既存事業部門への影響 | ◎ | ○ | × |
> | 総合判断 | △ | ○ | △ |

いろいろな基準を検討することは重要ですが、あれこれ考えて決定不在になってはいけません。課題の内容や自社のビジョン・戦略などに照らして、それぞれの決定基準の軽重を明確にするとよいでしょう。

チャレンジしてみよう

最近あなた（あるいは所属組織）が取り組んだ問題解決を振り返って、最終的にどのような基準に従って意思決定したのか、決定は妥当だったのかを確認してください。

「結論ありき」だったり、決定基準の検討が狭かった場合には、今後どのように改善するべきかを考察してください。

⑦ デシジョンツリー【参考】

問題解決の基本プロセスと留意点は、だいたい以上です。ロジカルシンキングと関係ある部分を中心に解説しましたので、「Ⅰ．問題発見・課題の定義」やどのように実行するかといった部分など、さらに奥深い内容があります。本章の内容を発展的に学習したい方は、拙著『問題解決の技術』（産業能率大学出版部）を是非お読みいただきたいと思います。

さて、本章の最後に、代替案の選択・決定でよく使われるデシジョンツリーを参考までに紹介します。

問題解決では、一つの問題について一つの選択肢は稀で、多数の選択肢が存在します。複数の決定が段階的に必要であったり、決定から行動までの間に不確実性がある場合、デシジョンツリーを使って選択肢を体系化し、意思決定するのが効果的です。とくに投資判断では、デシジョンツリーをよく利用します。

デシジョンツリーは、起こりうる意思決定シナリオとその結果（ペイオフ）を列挙し、それらをツリー状に記述するものです。これらのシナリオと結果に対して、起こりうる確率を設定し、期待値を比較して意思決定するものです。

例　デシジョンツリー

　医薬品メーカーP社では、新タイプのガン治療薬を開発するべきかどうかを検討しています。開発費は30億円で、開発に成功する確率は40％、失敗する確率は60％と予想されています。

　開発に成功した場合、予想売上高は110億円です。

　開発に失敗した場合、あるいは、開発しなかった場合、競合他社が新薬を開発し、P社の既存製品の売上高が20億円減少すると予想されています。

　P社は、新薬を開発するべきでしょうか、するべきではないでしょうか。

この状況をデシジョンツリーで整理すると、図表6-4のようになります。

●図表6-4　デシジョンツリーの例

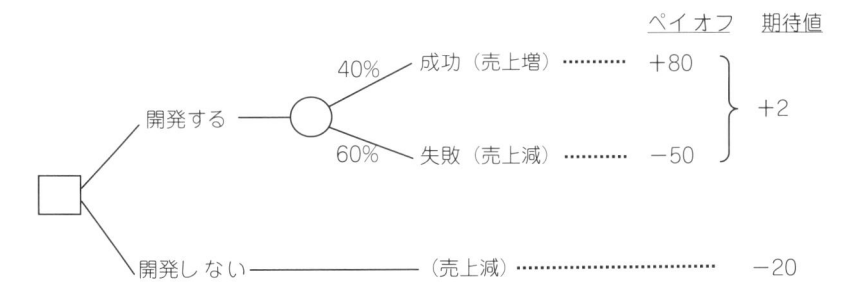

```
                                              ペイオフ    期待値
                   40%  成功（売上増）………   +80  ┐
       開発する ─○                                   ├ +2
                   60%  失敗（売上減）………   -50  ┘
  □
       開発しない ─────（売上減）…………………  -20
```

　なお、慣習的に、意思決定ノード（意思決定者がコントロールできる変数・行動）を□、確率ノード（意思決定者がコントロールできず、他者・自然・偶然に支配される変数）を○の記号で表します。

　この例では、開発に成功した場合のペイオフは80億円（＝売上110億円－開発費30億円）、開発に失敗した場合のペイオフはマイナス50億円（＝売上減少△20億円－開発費30億円）ですから、確率を掛け合

わせると開発することの期待値は、2億円になります。それに対して、開発しない場合の期待値は、売上減少のマイナス20億円です。よって、開発することを選択します。

演習30　デシジョンツリー

　ある家電量販店では、主力商品である液晶テレビの価格を据え置くか、値下げをするかを検討しています。

　値下げした場合、ライバルのX社が値下げに追随して販売数量が変わらない可能性が70％、追随せず販売数量が増える可能性が30％と予想されます。値下げをしなかった場合、X社が値下げして、当社の販売数量が減少する可能性が60％、X社が値下げをせず、販売数量は現状維持の可能性は40％と予想されています。

　また、値下げの金額は500万円を予定しており、販売数量が増えた場合の収入増加は800万円、販売数量が減った場合の収入減少は600万円と見積もられています。値下げをするべきでしょうか、するべきではないでしょうか？

第7章
コミュニケーション

　本章は、伝達を中心にビジネスのコミュニケーションを学びます。ビジネスでは、状況や関係性に依存しない、ロジカルなコミュニケーションが要求されます。明確な論理構造を作り、結論と全体像を最初に示すこと、平易な表現を使うことなどが、わかりやすいコミュニケーションの基本です。複雑な事柄を明確な構造で説明するとき、トップダウンの論理ピラミッドをよく用います。

① 手段としてのコミュニケーション

　本章では、ロジカルシンキングの応用分野として、マネジメントにおけるコミュニケーションについて学びます。
　コミュニケーションは、目的によって大きく2つに分けることができます。
　一つは、朝の挨拶や家族とのスキンシップのような、相手との共感を得ることを目的とした、それ自体に価値があるコミュニケーションです。同僚と会社帰りに赤提灯に行くというのも、このタイプです。
　もう一つは、命令・報告・提案・相談といった自分のメッセージを相手に伝えることを目的とした、手段としてのコミュニケーションです。
　もちろん、ビジネスでは両方ともに必要ですが、本書では後者のタイプ、メッセージを相手に伝える、手段としてのコミュニケーションを取り上げます。
　よく組織では、「社長がいろいろと言っているけど、どうも経営方針が理解できない」「販売在庫を減らすことのメリットを営業部隊に説明しても、今ひとつ反応が悪い」といったことがよくあります。このように組織のタテ・ヨコの意思疎通を欠いた状態では、目標に向かって協力し、成果を実現することはできません。
　第1章でも述べたように、われわれのコミュニケーションは、それほど厳密なものではありません。コンテキスト、つまり場の雰囲気・状況、個人的な関係といったものに依存し、あいまいな表現、指示語が多用されます。

　部長「岡本君、この間の件はどうなった？」
　岡本「ええ、ボチボチというところです」
　部長「そうか。じゃあ、あっちの方も頼むよ」

岡本「はい、おいおい手をつけようと思います」

こうした「この間の件」「ボチボチ」「あっち」「おいおい」といったあいまい語で構成される会話でも、たいてい大きな問題にはなりません。

ところが、組織が複雑化し、メンバーが多様化してくると事情が違ってきます。初対面の相手、自分と立場が大きく異なる相手、多数の相手は、よくわかり合えないローコンテキストな関係ですから、あいまいな表現は通じません。場の雰囲気、関係性、経験、予備知識などに依存せず、誰にでも正確に伝わるコミュニケーションをする必要があります。時代はロジカルなコミュニケーションを求めているのです。

手段としてのコミュニケーションには、相手に伝えるために「話す」「書く」、相手のことを理解するために「聞く」「読む」という大きく4つの機能があります。このうち、とくに「話す」「書く」の2つ（伝達）は、論理的なつながりを意識し、整理の技法を用いることによって格段に効果・効率が上がります。

② コミュニケーション・プロセス

コミュニケーションは、一般に次頁の図表7-1のようなプロセスによって行われます。

送り手は、伝えたいことを文章・数字など**記号化**し、受け手にわかりやすいように5W1Hなど**メッセージ**を構成し、口頭・電子メール・会議・文書などの**チャネル**を選んで受け手に伝えます。受け手はメッセージを受け取ったら**記号解読**し、内容を理解します。場合によっては、メッセージに対して自分なりの考えを記号化し、→メッセージ作成→チャネル選択という経路で、フィードバックします。

電機メーカーで、売上低下に直面した営業企画担当者が、広告宣伝費

●図表7-1　コミュニケーション・プロセス

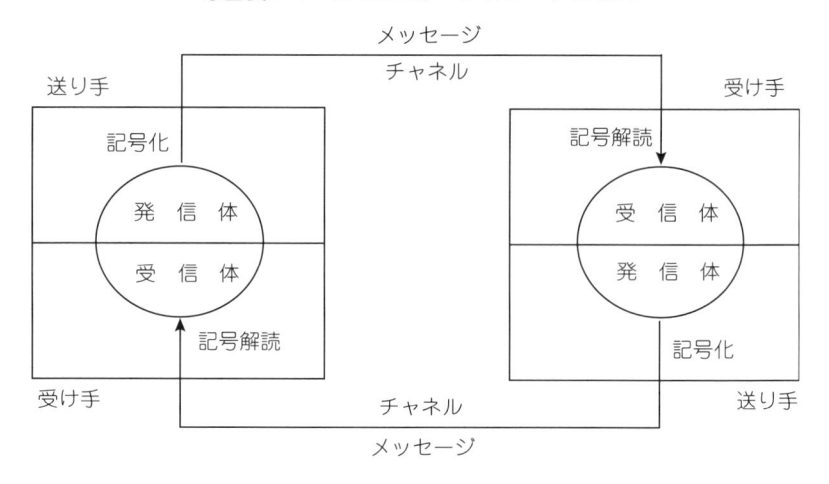

```
                    メッセージ
                     チャネル
  送り手                               受け手
 ┌─────────────┐             ┌─────────────┐
 │   記号化    │             │   記号解読  │
 │    ╱──╲    │             │    ╱──╲    │
 │   (発信体)  │             │   (受信体)  │
 │   (受信体)  │             │   (発信体)  │
 │    ╲──╱    │             │    ╲──╱    │
 │   記号解読  │             │   記号化    │
 └─────────────┘             └─────────────┘
  受け手            チャネル           送り手
                    メッセージ
```

を増やすべき（記号化）と考え、広告宣伝の内容、コンセプト、頻度、期待効果、費用などを企画書として整理して（メッセージ作成）、営業戦略会議で経営幹部に提案した（チャネル選択）、という具合です。

　ここで、自分の考えが相手に伝わらない、あるいは相手の考えが掴めないというとき、①記号化、②メッセージ作成、③チャネル選択、④記号解読のどこかに問題があるということになります。①から③は発信者側、④は受信者側の問題です。発信者は、受信者が理解しやすいように記号化、メッセージ作成、チャネル選択を行う必要があります。

　本章では、この中でもロジカルで伝わりやすいメッセージ作成について考えます。ですが、その前にチャネル選択と記号解読について少しだけ確認しておきましょう。

　受け手の記号解読がうまくいかないとき、チャネル選択が不適切であることがよくあります。近年、IT化によって電子メール・電子掲示板・電子決裁書・テレビ会議など新しいチャネルが増え、伝達が格段に便利になりました。ところが、ネット掲示板でつまらない言い合いになった

り、大事な報告を電子メールで済ませて「聞いてないよ」と言われたり、等々新しいチャネルを巡るトラブルが目立ちます。チャネルが増えて逆にチャネル選択が難しくなったのではないでしょうか。

　何気なく手短なチャネルを選ぶのでなく、伝達内容や受け手の事情などを勘案して、適切なチャネルを選択する必要があります。次の3点から選択を考えるとよいでしょう。

① 　メッセージが正確に相手に伝わるか
② 　便利で低コストのチャネルか
③ 　スピーディに伝わるか

　また、送り手のメッセージ作成やチャネル選択に大きな問題がなくても、受け手の側の記号解読がうまくいかず、メッセージが伝わらないこともよくあります。

　受け手に、メッセージについての基本的な知識や理解力、あるいは関心がないことがあります。この場合、そうした相手の事情を勘案して、メッセージ作成を抜本的に見直し、平易な内容にするべきでしょう。また、そもそも伝達する相手として適当なのかを見直す必要があるかもしれません。

　もう一つ厄介なのは、逆に受け手の知識・理解力・関心が高い場合によく起こる**選択的認知**の問題です。人間は、見聞きするメッセージをありのまま認知するわけではなく、自分自身の関心に合わせて取捨選択して認知します（第5章の思考のパラダイムを参照）。とくに問題意識の高い受け手は関心のあることは認知しますが、それ以外は批判的に認知するか、まったく受け付けません。こうした受け手に対しては、メッセージの内容だけでなく重要ポイントを強調するような伝え方の工夫も必要です。

　つまり、記号解読は受信者側の問題ではあるものの、送り手は、そう

いった問題が起こりうることを想定してメッセージを作成する必要があるということです。

チャレンジしてみよう

最近あなたが自分の考えを他人に伝えた場面をいくつか取り上げて、次の点を確認してください。
① 自分の伝えたいアイデアがきちんと相手に伝わりましたか。
② どのようなチャネルを使いましたか。選択したチャネルは適切でしたか。
③ 選択的認知など、受け手の側の問題はなかったでしょうか。

◆3◆ わかりやすいメッセージ

さて、ここからは本題のメッセージ作成です。

ビジネスにおけるコミュニケーションは、自分のメッセージがしっかり相手に伝わるかどうかがすべて、と言っていいでしょう。相手に感動や笑いを与える必要はありません。自分の考えが正確に相手に伝わることによって、ビジネスが円滑に進めばよいわけです。

ここで伝わるとは、別の表現をすると「再現性」と見ることができます。つまり、自分の考えている事柄を相手が再現することができれば、考えに賛成したかどうかはともかく、とりあえずしっかり伝わったことになります。

重要なメッセージの場合、できれば聞いた瞬間だけでなく、何日後、何ヵ月後でも再現できることが望まれます。もちろん、細部の表現などを完璧に再現できる必要はなく、結論・全体像とキーワードが再現できれば十分でしょう。

再現性のあるわかりやすいメッセージとは、受け手から見て以下のよ

うな特長を持つことです。

① 構造が明確であること
② 平易な表現であること

この2つについて、詳しく見ていきます。

◆4 ロジカルなメッセージの構成

まず、メッセージの構成です。わかりやすい明確な構成には、いくつかの条件があります。

(1) 結論を先に述べ、論拠を後で示す

第2章で紹介したとおり、「結論→論拠」という構成で、結論を先に持ってきます。読者の皆さんも、上司から「結論から先に言え！」と注意された経験があるかもしれません。人間には相手の話を予測しながら聞くという特性がありますから、結論と大きな枠組みを最初に示すと、受け手は適度な予測をしながら聞くことができ、理解が格段に深まります。

現実には、日本語の文法は述語やYes・Noが最後にくる構造なので、結論を最後に言うことが多いと思います。過去に起こった出来事を報告・説明するとき、時間順で何がどういう順番で起こったのか説明したりします。また、何かを提案・分析するときには、背景を述べ、理由を説明してから、最後に結論を述べます。あるいは、学校教育でよい文章は「起承転結」の構成をするのだと教えられてきました。

例	起承転結
「（電動工具メーカーで）お客様の工務店からもっと軽量化した新機

種が欲しいとの要望がありました。要望を受けて、当社の技術でどこまで軽量化できるか、軽量化によってどこまで市場が拡大するかを半年掛けて検討してまいりました。その結果、残念ながら、軽量化は可能ですが、特殊な素材を使うので高コストになってしまうことと、それほど軽量な機種のニーズは大きくない、ということがわかりました。ということで、当社にとって軽量化のメリットはあまりないのですが、重要なお客様の是非との要望で無視できませんので、今回の製品化を進めることにしたいと思います」

　こうした時間順の説明、あるいは背景・理由・結論、起承転結のメッセージ構成では、受け手が最後まで注意深く読み聞きしないと、メッセージが伝わりません。ビジネスでは、相手が最後まで集中して送り手のメッセージを読み聞きしてもらえるとは限りませんから、結論が最後にくる構成は失格です。

　次のように、結論を先に持ってくる形で構成します。

| 例 | 論理順 |

「お客様の代理店からいただいたもっと軽量化した新機種が欲しいとの要望につき、製品化を推進したいと考えます。理由は、重要なお客様の是非との要望だからです。半年掛けて検討した結果、特殊な素材を使うので高コストになってしまうこと、それほど軽量な機種のニーズは大きくないということがわかり、当社にとって軽量化のメリットはあまりないのですが、お客様の要望を無視することができませんので、製品化したいと思います」

　推理小説では最初から犯人がわかってしまうと困りますが、ビジネスの伝達では最初から犯人がわかった方がよいのです。

(2) 分類と階層化

構成の大きな流れは、「結論→論拠」ですが、その中の詳細な説明では、分類と階層化を意識します。分類と階層化については第4章で紹介しましたので、詳しくはそちらをもう一度確認してください。ポイントは、分類では適切なクライテリアを用いて、MECEを意識すること、階層化では、ディメンジョンの違いを意識することです。

階層化を強く意識した技法として、後ほど論理ピラミッドを紹介します。

(3) パラレリズム

複数の事柄について述べるとき、それぞれが並列関係になるように関係を意識します。このことを**パラレリズム**(parallelism)と言います。

例えば、ある会社の総務部で部内のコスト削減計画について部長説明をするとします。部内に、庶務課、法務課、管理課の3つの課があり、それぞれ「方針」「進め方」「留意点」「効果測定」の4つの事項について述べる場合、図表7-2のような構成にします。

●図表7-2　パラレリズム

1. 序論
    - 背景
    - 結論
    - 説明の全体像

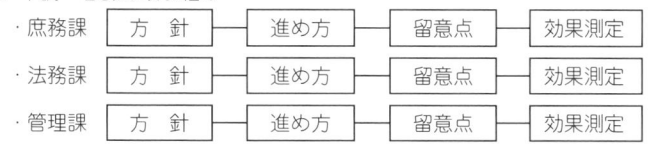

2. 本論ー各課の取り組み
    - 庶務課　方針 → 進め方 → 留意点 → 効果測定
    - 法務課　方針 → 進め方 → 留意点 → 効果測定
    - 管理課　方針 → 進め方 → 留意点 → 効果測定

3. 結論
    - まとめ
    - 今後に向けて

パラレリズムとは、2. 本論の庶務課で「方針」→「進め方」→「留意点」→「効果測定」の順序で説明したら、残りの法務課・管理課も同じ順序で進めるということです。人間には予測しながら読み聞きする特徴があり、受け手は庶務課の説明を聞いたら、法務課も同じ順序で話が進むだろうと予測します。この予測に反して、例えば、「進め方」→「方針」→「効果測定」→「留意点」と違った順序で説明すると、受け手は混乱し、極端に理解度は低下します。多少単調になってしまうことを承知で、同じパターンを繰り返した方がよいのです。

以上、わかりやすい構成について、結論→論拠、分類と階層化、パラレリズムの3つを紹介しました。

そして、こうした構造を伝達する際には、以上のような構造であることを示し、いま説明しているのが全体の中のどの部分であるかを示しながら説明するとよいでしょう。個別の部分が全体あるいはその前部・後部とどういう繋がりがあるかを示すことを、「**ブリッジを掛ける（橋渡しをする）**」という言い方をします。

よくプレゼンテーションなどで、話の内容を変えるときに、
「以上のような背景に続き、具体的な新制度の内容をご説明します」
「今回の活動の期待効果は3つあります。一つは……」
「最後に、ここまでの要点をまとめますと……」
といった言い方をします。こうした表現がブリッジです。ブリッジを効果的に使うと、受け手は全体像との関連をつかんで予測しながら見聞きすることができるので、格段に理解度が高まります。

演習31 **メッセージの構成**

SEであるあなたは、以下のような状況に直面しています。上司に対して状況を業務報告するためのメモを作成してください。

※　※　※　※　※

　昨年末に、担当しているサンノウ工業から生産管理システムの全面更新を4,000万円で仮受注した（これはすでに報告・承認済み）。

　今回の生産管理システムの後にも、販売情報システムの更新など大型案件が控えており、今回はなんとしても受注を確保したいところである。

　ところが、今週になってサンノウのシステム部長から、受注の条件として追加の要請を受けた。前回の提示額から30％値引きし、サーバー保守サービスを3年間無料にし、さらに納期を2カ月短縮してほしいとのことである。

　以上の追加条件を飲めないようならば、特命発注から競争入札に変更するという。

　担当としてはたいへん困った状況であるが、相手への回答を来週提示する必要があり、時間的猶予はない。追加要請に伴う採算性の変化について至急詳細な検討を行いたい。

　ただ、受注のためには、一定の値引きを受けざるを得ないと考える。部内での予算について、検討をお願いしたい。

チャレンジしてみよう

あなたが最近実施したプレゼンテーションについて、以下の点を確認してください。

① 結論→論拠、分類と階層化、パラレリズムという基本を守っていましたか。

② 説明では、適宜ブリッジを掛けて全体との繋がりを意識しながら説明しましたか。

③ その結果、受け手に自分のメッセージが十分に伝わりましたか。

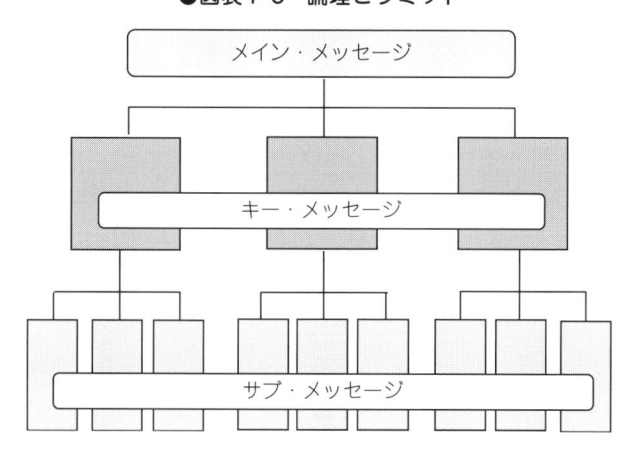

⑤ 論理ピラミッド

(1) 論理ピラミッド

　わかりやすい構造を作り出す論理技法として、論理ピラミッドがあります。ビジネスのいろいろな場面で使えますが、口頭でのショート・プレゼンテーションにはとくに有効です。

　論理ピラミッドは図表7-3に示したように、まずもっとも主張したい結論（メイン・メッセージ）をピラミッドの頂点に配置します。そして、メイン・メッセージの下にそれを直接的に支持する論拠（キー・メッセージ）を配置し、さらにその下にキー・メッセージを支持する具体的な論拠（サブ・メッセージ）を配置します。ここでは3段階のピラミッドを紹介していますが、もちろん2段階でも4段階でも結構です。また、一般には上から下へという配置が多いようですが、左から右へ横に展開する形でも構いません。

●図表7-3　論理ピラミッド

論理ピラミッドの展開には、トップダウン・アプローチとボトムアップ・アプローチがあります。

(2) トップダウン・アプローチ

トップダウン・アプローチは、メイン・メッセージに対して「なぜ、そうなのか（Why So ?）」を問うことでキー・メッセージを導き出し、さらに「なぜ、そうなのか（Why So ?）」と続けてサブ・メッセージへと下層に展開していく方法です。演繹的に主張を展開するのに適しています。

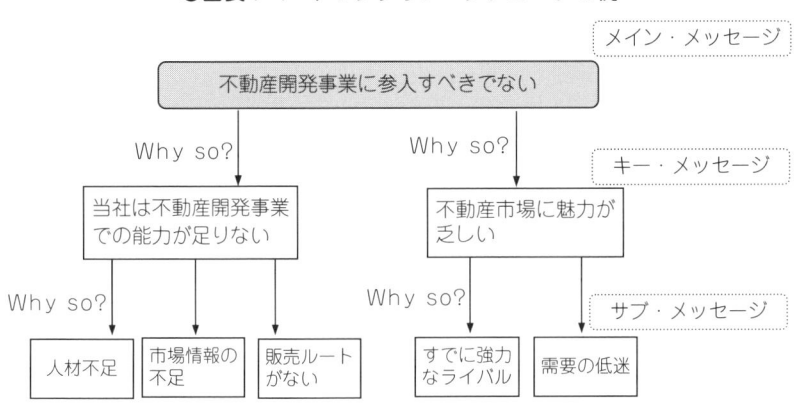

●図表7-4　トップダウン・アプローチの例

```
                        不動産開発事業に参入すべきでない           [メイン・メッセージ]
                       ↙ Why so?        Why so? ↘
            当社は不動産開発事業              不動産市場に魅力が
            での能力が足りない               乏しい                [キー・メッセージ]
         ↙ Why so? ↓  ↘            ↙ Why so? ↘
      人材不足  市場情報の  販売ルート    すでに強力    需要の低迷      [サブ・メッセージ]
              不足      がない      なライバル
```

この例では、「わが社は不動産開発事業に参入するべきか」という課題について、「不動産開発事業に参入するべきではない」という全体の結論をまず示し、そこから「なぜそう言えるのか」と下層に展開しています。3段階で説明していますが、4段階でも結構です。

口頭や文章で主張・説明するときには、トップダウンの順序に従って上から順にそのまま伝達するとよいでしょう。

この例では、次のような伝え方をします。
　「結論としましては、当社は不動産開発事業に参入するべきではありません。理由は大きく２つあります。一つは、当社は不動産開発事業での能力が足りないこと、もう一つは、不動産事業は魅力が乏しいことです。大きな１つ目、能力が足りないという部分については、さらに３つの理由があります。１つ目に、当社では人材が不足していること、２つ目に、不動産市場の情報が不足していること、３つ目に、販売ルートがないことが挙げられます。大きな２つ目、不動産市場に魅力が乏しいという点につきましては、さらに２つの理由があります。一つはすでに強力なライバルが存在していること、もう一つは需要が今後低迷すると予想されていることです。以上から、繰り返しますが、当社は不動産開発事業に参入するべきではないというのが結論です」
　この説明の仕方には、２つのメリットがあります。
　一つは、わかりやすい、相手に伝わりやすいことです。聞き手は、ピラミッドを見なくても容易にメッセージを理解できるでしょう。なぜなら、結論と全体の構造がはっきりつかめるからです。
　もう一つは、柔軟な対応ができることです。プレゼンテーションなどをしていると、受け手から「ごめん、20分間聞こうと思っていたけど、この後すぐ急用が入ったんで、5分でまとめてくれよ」と短縮を依頼されたり、逆に、説明の途中で「ちょっと、そこは面白そうだから、少し詳しく説明してもらえる？」などと言われたりします。論理ピラミッドで整理しておくと、時間が１分しかないときにはメイン・メッセージとキー・メッセージの２段階で切り上げる、より詳しい説明を求められたらサブ・メッセージを踏み込んで具体的に説明する、という具合に、柔軟な対応ができます。
　大事なプレゼンテーションの場合、気合を入れて、何をしゃべるのか一字一句メモを書く人がいます。「こんにちは、経営企画部の山田でご

ざいます。この度は、貴重なプレゼンテーションの機会を頂戴し、ありがとうございます。ご承知のとおり、わが社を取り巻く経営環境につきましては……」という具合ですが、このような準備では、短縮したり、追加説明したり、といった柔軟な対応ができません。大事なプレゼンテーションほど、一字一句書くよりも、トップダウンのメモを準備する方が効果的なのです。

このように、トップダウン・アプローチはビジネスにおいて非常に有効な技法ですから、ビジネスのいろいろな場面で積極的に使うとよいでしょう。例えば、次のような場面です。

① 会議の議事進行
② 朝礼の挨拶
③ 営業担当者の商品説明
④ IRミーティングや就職説明会での会社説明

≪コラム≫ エレベーター・テスト

コンサルタントの世界で、よく「エレベーター・テスト」と言われます。
超高層ビルの最上階にコンサルティングのクライアントがおり、コンサルタントのあなたは、たまたまその会社の社長とエレベーターに乗り合わせました。多忙な社長とは、エレベーターが1階に着くまでの1分間しか話をする時間がありません。クライアントの経営の問題点と解決策について、あなたは1分で説明しなければならないとすれば、どうしますか？
もちろん、実際にそんなことは起こらないでしょうが、コンサルタントたるもの、クライアントの問題点を常に整理し、簡潔に説明できるようでなければならないということです。当然、説明するときには、トップダウンのアプローチで準備をしておきます。
コンサルタントに限らず、すべてのビジネスパーソンにとって、重要な事

演習32　トップダウン・アプローチ

次の文章は、ある金融関係者のコメントです。彼の主張するところについて、あなたの主張をトップダウンの論理ピラミッドに整理してください（下の主張はあくまで彼の主張ですので、あなたの主張を示してください）。

　　　　＊　　＊　　＊　　＊　　＊

「先進諸国では、1980年代から規制緩和が進んでいるが、本当に国民生活の向上に寄与しているのだろうか。例えば、金融機関を見ると、規制緩和の影響でイトーヨーカ堂やソニーといった異業種や外資が参入した結果、サービス競争が起き、国民はさまざまなサービスを安価に享受できるようになった。

しかし、過当競争によって勝者の都市銀行は巨大化する一方、生活に密着した地域の金融機関は疲弊してしまった。郵政民営化によって、今後地域郵便局の切り捨て、サービス低下が進むだろう。

以上の金融機関の例から見るとおり、規制緩和が国民の利益になるとは単純に言い切れない。金融機関、エネルギー、医療、小売といった国民生活に直結する分野については、規制緩和を推進するべきではない」

チャレンジしてみよう

入社希望者や投資家に対して、あなたの会社の魅力を伝えて入社・投資を説得する場面を想定し、会社の魅力を3段階のトップダウンのピラミッドで整理してください。そして、ピラミッドを第三者に口頭説明し

てください（聞き手にピラミッドの要点を書き取ってもらうと、しっかり伝わったかどうか確認できます）。

(3) ボトムアップ・アプローチ

ボトムアップ・アプローチはその名のとおり、論理ピラミッドを底辺から積み上げていく手法です。いくつかのサブ・メッセージをグループ化して「それがどうした？（**So What ?**）」と問いかけることでキー・メッセージを作り上げ、さらにいくつかのキー・メッセージの集合から「それがどうした？（So What ?）」と問いかけてメイン・メッセージを構築します。帰納的に事象を分析するのに適しています。

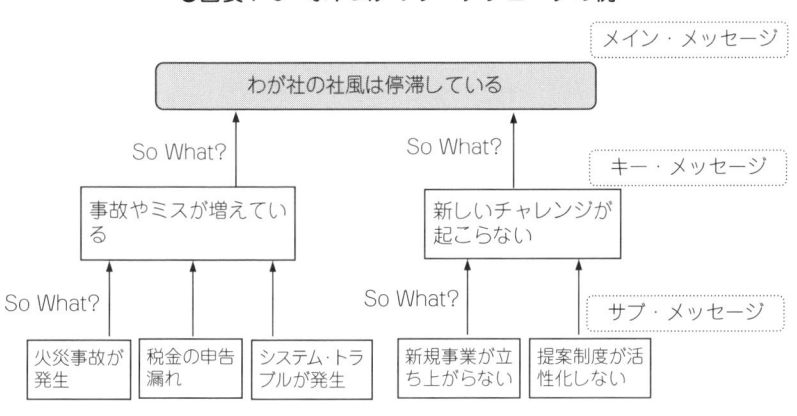

●図表7-5 ボトムアップ・アプローチの例

```
                    わが社の社風は停滞している           メイン・メッセージ
                    ↑                    ↑
                 So What?              So What?
           事故やミスが増えてい      新しいチャレンジが        キー・メッセージ
           る                     起こらない
           ↑    ↑    ↑            ↑    ↑
         So What?                So What?
      火災事故が  税金の申告  システム・トラ   新規事業が立  提案制度が活    サブ・メッセージ
      発生      漏れ       ブルが発生    ち上がらない  性化しない
```

この例では、「火災事故が発生」「税金の申告漏れ」「システム・トラブルが発生」という3つの具体的な事象（サブ・メッセージ）から共通して言えることとして、「事故やミスが増えている」というキー・メッセージを形成し、もう一つの「新しいチャレンジが起こらない」というキー・メッセージから共通する結論として、「わが社の社風は停滞して

いる」というメイン・メッセージを導き出しています。

　日本人は、背景的な事柄や理由を説明してから最後に結論を述べる習慣がありますから、ボトムアップ・アプローチは、日本人の感性に合っているでしょう。訓練しなくても、自然にこのタイプのピラミッドを作れると思います。

　ただし、この方法でピラミッドを見ないで口頭説明を受けた場合、受け手は困ってしまいます。全体の構造がつかみにくく、最後までしっかり聞かないと何が言いたいのか結論がわかりません。

　トップダウンに比べてボトムアップは、理解の容易さや説得力、さらには柔軟性でも劣ります。ビジネスでは、ボトムアップよりもトップダウン・アプローチを基本にするべきです。

　ただし、ボトムアップが有効な場合もあります。それは、聞き手が基本的な背景を理解していない場合や、聞き手の考えに反するようなことを主張する場合などです。社長に対して、いきなりトップダウンで「まず結論としては、社長の経営方針は間違っています。理由は大きく3つあります」と始めると、「うるさい、とっとと帰れ！」と言われ、そこから先を聞いてもらえません。こうした場合には、意識的にボトムアップ・アプローチを用います。

チャレンジしてみよう

　最近あなたが行ったプレゼンテーションや説明をいくつか取り上げて、トップダウンだったか、ボトムアップだったかを確認してください。

　ボトムアップだった場合には、トップダウンよりも有効なシチュエーションだったかどうかを考察してください。

◆6 わかりやすい表現

　論理ピラミッドなどを用いて明確な構造でメッセージを構成したら、それをわかりやすい表現で相手に伝えていきます。

　わかりやすい表現とは、メッセージが明瞭に表現されていて、誰が読み聞きしても同じ内容が伝わることです。そのためには、次の3つの要素を満たすことを心がけるとよいでしょう。

① 主語と述語を明らかにする
② 具体的で簡潔な表現を用いる
③ 適切な論理接続詞を用いる

（1）明瞭な主語と述語

　まず、表現する文章（センテンス）に主語と述語が存在し、両者が適切な関係にあることが大切です。

　文章に主語と述語があるのは当然の話と思うかもしれませんが、日本語の日常の伝達では、よく主語・述語などを省略します。その原因は3つ考えられます。

① コミュニケーションを簡略化するため
② よく整理されていない内容をごまかしながら伝えるため
③ 責任の所在をぼやかして伝えるため

例	明瞭な主語

「このプロジェクトは積極的に推進するべきだ」

　一見「このプロジェクトは」の部分が主語のように見えますが、プロ

ジェクトを推進するのは人間・組織ですから、主語は省略されていることになります。わかりやすい表現に言い換えると、例えば、「わが商品企画部は、このプロジェクトを推進するべきである」とするべきでしょう。主語を省略したのは、③の責任の所在をぼやかして伝えるためと考えられます。

①の場合も、お互いがわかり合えるハイコンテキストな関係であれば結構ですが、ローコンテキストな関係の場合、内容の誤解を生み、トラブルの元になります。正確な伝達のためには、できるだけ主語・述語を省略しない方がよいでしょう。

演習33　主語の存在

次の文章をわかりやすい言い方に改めてください。
　　　　　＊　　＊　　＊　　＊　　＊
「このたび当社の社員が談合違反の容疑で摘発されたことは、誠に遺憾である」

また、1センテンスが長くなり、主語と述語の距離が離れると、全体の構造がわかりにくくなります。主張をわかりやすく伝えるには、主語と述語を近づけ、「何がどうした？」「誰がどうすべき？」を明確にするとよいでしょう。そのためには、ワンセンテンスを分けて、複数の短文によってメッセージを構成します。

例　主語と述語の距離

「営業部長は、昨日の異業種交流会で昔お世話になった取引先の社長にたまたま会って、来月から新しいビジネスについて共同で進めようという話になり、たいへん上機嫌である」

この例の主張は「営業部長は、たいへん上機嫌である」で、その論拠は「なぜなら、昨日の異業種交流会で昔お世話になった取引先の社長にたまたま会って、来月から新しいビジネスについて共同で進めようという話になったからである」です。主張の文章の間に論拠の文章が入り込んだ結果、主張がわかりにくくなっています。主張の文→論拠の文、という2つの短文に分けてメッセージを伝えるとよいでしょう。

> **演習34** 主語と述語の距離
>
> 次の文章をわかりやすい表現に修正してください。
> 　　　　＊　　＊　　＊　　＊　　＊
> 「競合のS社は、昨年、当社が新製品を出してからシェアを伸ばし、ますますリーダーの地位を強固なものしていることから、このところ低価格戦略に転換しつつある」

一般に、長文で伝達する方が知的に見える一方、短文の連続はやや幼稚で、無機質・単調な印象を相手に与える面があります。しかし、まずはしっかり伝えるために短文中心にして、慣れてきたら長文にしていくとよいでしょう。

チャレンジしてみよう

最近あなたが書いたレポート・論文などを取り上げて、主語と述語の存在、主語と述語の距離（一文の長さ）を確認してください。

主語・述語が存在しない、一文が長い場合、それでしっかり受け手に伝わったかどうかも確認してください。

(2) 具体的な表現を用いる

メッセージが抽象的な単語・表現によって構成されると、相手の理解

が困難になったり、伝えたいことと相手の認識の差が広がったりします。メッセージを構成する単語は、できる限り具体的なものにします。

ビジネスでは、伝えたいことを表す的確な表現が見つからないとき、あるいは整理されていない内容を伝えるとき、抽象的な表現でごまかすことがあります。次のような抽象的な表現を使うときには、何を意味するのか、補足をするとよいでしょう。

> **例　抽象的な表現**
>
> 「わが社は、ライバルA社の安売り攻勢に押されており、もっと戦略的な対応を推進するべきだ。営業力強化には仕組みの再構築が必要で、それらを含め、不断の経営努力が欠かせない」

これらの例では、「戦略的な対応」「営業力強化」「仕組みの再構築」「不断の経営努力」が何を意味するのかわかりにくくなっています。例えば、「戦略的な対応」は、「相手の弱みを機動的に突くマーケティング」といった具体的な内容を示すようにします。

次のようなあいまいな述語を使用する場合には、具体的に補足するとよいでしょう。

「強化する」「促進する」「落とし込む」「構築する」「活性化する」など。

具体的であっても、専門用語、業界用語、社内用語を使用する際には、注意が必要です。自分は当然わかっていても、相手がどれだけ理解しているでしょうか。自分が相手よりも知識面で優位に立っていることを示したり、あまり伝えたくない内容をぼやかしたりするために、あえて難しい用語を使うこともあります。しかし、ビジネスでは、まず伝わることが大切です。できる限り、受け手の立場になって平易な表現をす

る必要があります。

　また、冗長な表現を用いると、相手の理解が難しくなります。文芸作品では、微妙な言い回しの文章を味わうことがよくありますが、ビジネスでは、できるだけ余計な情報、重複した表現はそぎ落として、簡潔に内容を示すようにします。

> **演習35**　冗長な表現
>
> 　次の文章には冗長な表現が多く含まれています。内容を変えない範囲で、無駄な部分を削るなどして、簡潔な文章に修正してください（100字以下）。
>
> 　　　　　＊　　＊　　＊　　＊　　＊
>
> 　「このところわが社でも、メンタルヘルスで心理的な健康面に問題を抱える社員の増加傾向が最近広がっています。会社では、専門的な技能を持ったスペシャリストによる相談窓口の設置を行うなどの制度面での対応を社内的に進めていますが、私の考えでは、まず第一に重要なのは、職場での日常的なコミュニケーションを日ごろから深めることが大切だと思います」（165字）

（3）適切な論理接続詞を用いる

　複数のセンテンスでメッセージを構成する場合、センテンス間の関係を明瞭にするために接続詞を用います。

　接続詞には次のようなものがあり、場面に応じて使い分けます。
◎順接
　「したがって」「だから」「すると」「そこで」
◎逆接
　「にもかかわらず」「けれど（も）」「しかし（ながら）」「だが」「が」「ところが」

◎添加・累加

「さらに」「加えて」「そのうえ」「なお」「しかも」「それに」

◎対比・選択

「あるいは」「または」「それとも」「もしくは」「一方」

◎並立

「また」「並びに」「および」

◎説明・補足

「つまり」「なぜなら」「すなわち」「の結果」

◎転換

「ところで」「では」「さて」「時に」

| 例 | 接続詞 |

「目標達成に向けて営業課員挙げて努力したにもかかわらず、販売目標は達成できなかった」

「AにもかかわらずB」という表現によって、AとBが対立関係にあることが示されています。こうした論理接続詞を適切に使うと、受け手は一定の予測を立てながら次のセンテンスを待ちます。受け手に予測を立ててもらい、その予測に沿った内容を続いて示すことによって、受け手の理解度が高まります。

ところが、実際の日常のコミュニケーションでは、接続詞の使い方が不適切で、受け手に多様な解釈の余地を与えてしまうことがよくあります。

| 例 | 接続詞 |

「高齢化社会が到来し、世間では多種多様な医療情報が溢れており、新しい医療サービスが増えて、国民には医療についての見識が求められている」

この例では、文章をつなぐ「～し」「～おり」「～て」という接続詞を示すことがあいまいです。「高齢化社会の到来」「医療情報」「医療サービス」「医療についての見識」という4つの情報の関係がわかりにくいので、「高齢化社会が到来」した結果「医療情報があふれて」いるのか、別個のことなのか、「高齢化社会が到来」した結果「国民には医療についての確かな見識が求められている」など、いろいろな解釈が生まれます。

このように、日常の会話では、「～が」「～あり」「～おり」「～し」といったあいまいな接続詞がよく使われます。

あいまいな接続詞があると、前のセンテンスと後のセンテンスの繋がりが不明瞭になり、受け手は混乱します。論理的に整理されていない内容をごまかしながら伝えるために、こうしたあいまいな接続詞を使うことが多いようですが、意識的に使わないように注意するべきでしょう。

伝える内容が十分に整理されていない場合、あいまいな接続詞を使って無理に一文にまとめようとせず、短文に分けて、適切な論理接続詞を使います。

先ほどの例の場合、例えば、次のように改めます。

「高齢化社会の到来によって、国民には医療についての見識が求められている。なぜならば、世間では多種多様な医療情報が溢れたり、新しい医療サービスが増えたりしているからだ」

演習36　あいまいな接続詞

次のコメントをわかりやすい文章に改善してください。

＊　　＊　　＊　　＊　　＊

「金融業界では1990年代から自由化・規制緩和が進行し、系列や業態による棲み分けが崩れており、ますます競争が激化し、外資企業の参入の増加もあり、各金融機関はますます困難な経営を強いられ、撤退・合理化を余儀なくされる企業も少なくなく、今後も厳しい状況

> が予想される」

チャレンジしてみよう

あなたが最近仕事で書いたレポート・論文を一つ取り上げて、家族・友人などあなたのビジネスと無関係な人に読んでもらってください。そして、専門家でなくても内容がわかる平易な用語を使っていたか、簡潔な表現だったか、といった点を確認してください。

7 ロジカルリーディング

(1) "文書の洪水"を乗り切る

本章ではここまで、コミュニケーションの中でも、「話す」「書く」伝達についてロジカルな技法を考えてきました。コミュニケーションには、送り手としての「話す」「書く」の他に、受け手としての「読む（リーディング）」「聞く（リスニング）」があります。ここからは、「読む」「聞く」をロジカルに進めることについて考えていきます。

容易に想像できるとおり、「話す」「書く」は、考え方・技法を学び、構成を変えることによって飛躍的にロジカルになりますが、送り手からのメッセージを受け取る「読む」「聞く」をロジカルにするのは簡単ではありません。とはいえ、制約はあるものの、ロジカルに「読む」「聞く」ことは可能であり、大切なことです。

まずロジカルに「読む」こと、ロジカルリーディングを考えます。

われわれは、ビジネスにおいてたくさん文書を読みます。報告文書、連絡文書、提案書、小論文など、実に多種多様な文書を読みます。とくに、インターネットが普及し、PCが一人1台になってから、ビジネスにおいて文書のコミュニケーションが主流になっています。この10年

くらいで、文書の量も種類も格段に増え、"文書の洪水"というべき状況になり、前向きな仕事をする時間を奪われている人も多いでしょう。

　次々と送られてくる文書をいかに効率よく的確に読む（というより処理する）かが、ビジネスの成果を大きく左右します。

（2）文書を選別する

　文書を受け取ったとき、何より注意したいのは**余計な文書は読まない**こと、つまり受け取った文書を読むか読まないかを的確に判断することです。

　組織内外でやり取りされる文書が増大している一方、われわれの文書処理能力は、昔とほとんど変わっていません（むしろ国語力は退化しているかもしれません）。すべての文書を丹念に読んでいたら、それだけで何時間も費やしてしまい仕事になりません。

　仕事の能率が悪い人を見ていると、送られてきた文書を到着順に手当たり次第に処理しています。上司から方針書を渡されたら席に戻って読み、しばらくたってメールを受信したらそれを開き、その途中でお客様からクレーム文書が届いたら今度はそちらを処理する、という具合です。文書処理について明確なポリシーを持たず、ただせわしなくしているようです。

　最近は、「とりあえず」ということで少しでも関係ありそうな相手にCCでメールをばら撒く傾向があります。受け手側は、大半のメールは自分にとって無関係であると考え、思い切って選別するべきです。

　具体的には、以下の順番で文書を「読まない」「すぐ読む」「時間があったら読む」に選別します。

①　送り手で選別する

　送り手を見て、自分のビジネスと関係ありそうなものと関係なさそう

なものに分けます。無意識に実践しているかもしれませんが、自分にとって無関係な相手から受け取った文書はできるだけ読まないようにします。とくに、組織外部からのメールには商売の勧誘など無関係なものが多いので、思い切って削除します。

② タイトル（件名）で選別する

　タイトルによっても選別ができます。「9月販売方針会議のご案内」といった主題がわかるタイトルの文書は読みますが、「参考情報」といったあいまいなタイトルのものは、読んで参考になることがほとんどないので、思い切って削除します。

　なお、タイトルに「至急」「重要」と入っている文書を優先的に読むのは一法ですが、どんな文書でも「至急」「重要」とする送り手もいますから、①も勘案します。

③ 一応開いてから、目次や見出しで選別する

　送り手とタイトルだけでは判断がつかない場合、一応文書を開いてみます。学術論文のように要約・キーワードがある場合、それを読んで判断します。少し長めの文書で目次や章・節の見出しがある場合、ざっと目を通して判断します。こうした手がかりがまったくない文章は、内容が整理されていない低レベルな文書で、読まなくても差し支えない可能性が高いので、やはり削除します。

　以上は、電子メールを想定していますが、他のビジネス文書でも基本はまったく同様です。ビジネス書でも、書き手、タイトル、目次・見出しで選別することによって、読むに値するかどうかを即座に判断できます。

　この方法を実践すると、読む量を劇的に減らすことができ、仕事の能

率がアップします。もちろん、読まなかった文書の中に重要なものがあるかもしれませんが、本当に重要ならば、タイトルや目次・見出しを変えて後ほど再び送られてきますから、削除してもあまり心配は要りません。

演習37　文書の選別

電機メーカーで研究開発をしているあなたの元に、以下のような電子メールが送られてきました（「送信者」は、アドレスや表記名を見て判断した送信者の属性）。文書を「削除」「すぐに開く」「時間があったら開く」に分類してください。

	送信者	件名
1	所属部門長	この間のこと
2	人事部担当者	6月賞与支給率
3	同僚の研究開発担当者	参考情報
4	行きつけのスナック	開店5周年を迎えました
5	外部委託業者	重ねてお詫び申し上げます
6	経営企画担当者	研究予算の取り扱い
7	不明	耳寄りな話
8	営業部門担当者	品質トラブルの経過報告
9	所属学会の事務局	Re：論文提出の件

チャレンジしてみよう

これからまず3日間、「毎朝、会社に到着してから10分間」とか時間を決めて、送り手、タイトル、目次・見出しによってメールを選別してみてください。

3日くらい続けたら、やり方の問題点がわかってくると思いますので、どのように処理をすればもっとも能率的かを検討してみてください。

(3) 全体を掴んで読む

　文書を選別したら、必要な文書を読みます。

　ここで、文書の内容によって読み方を変える必要があります。つまり、じっくり読むか、斜め読みでさっと目を通すだけで済ませるか、です。自分にとって重要で、細かな情報が密度濃く詰まっている文書でしたら、じっくり読みます。あまり重要ではない文書や重要であっても情報の密度が薄い文書の場合、斜め読みがよいでしょう。実際のビジネスでは、大半の文書を斜め読みで済ませているかと思います。

　世の中にはいろいろなタイプの速読法がありますから、自分に合った速読法をマスターすれば、ビジネスでの大きな武器になることでしょう。ただし、速読法ができなくても、次のようなポイントに少し留意するだけで、かなり効率的に斜め読みができるようになります。

①　見出しに目を通し、読む箇所を決める

　長めの文書の場合、重要な部分とそうでない部分があります。ほとんどが重要でない情報で、たまに重要な情報が混じっているという方が実態かもしれません。

　章・節の見出しがついている場合、そこから読むべき重要な箇所を判断します。挨拶、前置き、背景、具体例、参考情報、結び、などで重要と思われない箇所は、思い切って飛ばします。

②　最初の段落、最初の文章で内容を把握する

　文書のまとまりの最初の部分を中心に読みます。なぜなら、ロジカルな書き手であれば、文書のまとまりの最初に重要事項を記すからです。文書が章・節に分かれている場合、その中の最初の段落を、さらに、段落の中でも最初のセンテンスを中心に読みます。

第7章：コミュニケーション

③ **太字、アンダーライン、箇条書き、数字、英語、カタカナなど**

　重要ポイントを太字やアンダーラインで強調している場合、その部分を中心に読みます。また、重要ポイントを箇条書きにしたり、数字、英語、カタカナで記す場合が多いので、そうしたセンテンス・語句を拾い読みします。

　たいていの文書では、太字、アンダーライン、箇条書き、数字、英語、カタカナをサッと目を通すだけで、だいたい内容がつかめると思います。

演習38　斜め読み

　次の文章を斜め読みしてください。斜体、アンダーライン、箇条書き、数字、英語、カタカナを中心に、15秒以内を目標にざっと目を通してください。

　次にもう一度、一字一句熟読して、斜め読みの理解度を確かめてください。斜め読みの段階で70％理解できていれば、十分でしょう。

＊　　＊　　＊　　＊　　＊

　欧米に比べてＭ＆Ａが少なく、"Ｍ＆Ａ後進国"と言われた日本だが、2000年以降、Ｍ＆Ａを活用する日本企業が増えている。Ｍ＆Ａ仲介会社レコフの調査によると、新聞紙上に取り上げられたＭ＆Ａの実施件数は、1992年が500件以下だったのが、2007年には約2700件になっている。

　こうしたＭ＆Ａ増加の背景には、日本企業が構造改革期にあり、業界の垣根あるいは国境を越えた事業の再編・見直しが必要になっていることがある。従来は経営が立ち行かなくなった企業を業界の有力企業が救済する救済合併型の合併が多かった。ところが近年は、<u>Ｍ＆Ａを、企業の成長戦略の重要な手段と位置づけて主体的に活用</u>する事例が増えている。

143

また、従来は単純な買収・合併が多かったが、"持ち株会社方式"によるグループ形成や"戦略提携"など、M＆Aの形態が急速に多様化している。

　今後については、依然として事業再編のニーズが強いこと、三角合併（株式を対価にした合併）などM＆Aの実施を容易にする法整備が進んでいることから、M＆Aの件数は着実に増加を続けるものと予想されている。

　ただし、M＆Aを成功させるのは容易ではない。各種の調査によると、企業価値の向上という観点から見たとき、70％以上のM＆Aが失敗に終わるという。

　失敗の要因は個々の案件によって異なるが、ある専門家は次の2点を指摘する。

1. 買うことを目的化し、企業価値の実態よりも高値で買収するケースが多い。
2. 企業文化や経営システムの違いによって、統合が進まない。

　成功のためには、事前にM＆Aの相手についてしっかり調査するとともに、実施後は、ポストマージャー・インテグレーション（買収後の統合作業）を綿密に実施する必要がありそうだ。

⑧ ロジカルリスニング

　最後は、論理的に「聞く」こと、ロジカルリスニングです。相手のペースに任せて漫然と聞いていればよいわけではなく、ロジカルな構造的理解を心がけることは重要です。

　目の前にある文書をどのように読むかは、自分でコントロールできるのに対して、相手が話してくることをコントロールして聞くというの

は、非常に難しいように思えます。

しかし、実際は逆です。書いてある文書は受け取ったら最後、もう変えられませんが（書き直しを命じることができる立場なら別です）、会話の場合、こちらからの働きかけ次第で相手の伝達を変えることができます。積極的に相手に働きかけることによって、相手の説明の仕方をロジカルにさせることができ、結果として受け手の理解度も高まるのです。

具体的には、以下のような点に留意します。

（1）テーマを確認する

リーディングのときと同様に、まず相手の話が聞くに値するものなのかどうかを厳しく選別する必要があります。テーマによっては、じっくり膝詰めで聞いた方がよい場合もあれば、まったく聞く必要がない場合もあるでしょう。あるいは、聞くとしてもごく簡単に済ませたい場合もあります。

そこでまず、冒頭のところで、話のテーマが何なのかを相手に確認します。

人によっては、「今からご相談したいのは、新しいCMの企画内容と予算措置についてです」という具合に、話のテーマをわかりやすく示してくれます。しかし、たいていは、時候のあいさつ、前置き、背景といったテーマと関係の薄い話が続き、一体これから何を話したいのかわかりにくかったりします。その場合は、躊躇せず、相手にテーマを問うとよいでしょう。

「今からのお話は、どういうご用件でしょうか」

（2）結論と全体像を問う

話の初期段階で結論と全体像がわかると、受け手は適度な予測をしながらその後を聞くことができ、理解度が格段に高まります。

初期段階で結論と全体像を説明してくれれば問題ありませんが、たいていは背景・論拠・理由の説明から始まります。そこで、こちらから結論と全体像の説明を求めるとよいでしょう。

「今からのお話の結論と全体像を簡単に説明してもらえますか」

(3) 全体像の中での位置づけを明らかにする

長時間の説明の場合、話が進んでいくうちに、何について説明しているのかわからなくなる迷子状態によく陥ります。そうならないためには、相手が全体像の中でどの部分を説明しているのか、最終的に何を言おうとしているのかを確認する必要があります。

まず、相手の話の全体構造をイメージし、説明が全体のどの部分にあたるのかを頭の中で確認します。慣れてくると、無意識に「ああ、今は3つ目の論拠について事例を紹介しているんだな」とか思いつくようになりますが、慣れていない場合は意識的に考えるようにします。

全体像と部分の繋がりが確認できない場合、あるいは、明らかに全体像と無関係なことを説明している場合、質問によって確認します。

「今ご説明しているのは、全体像のどの部分でしょうか」

「今ご説明されたのは、施策展開の第2段階についてでしょうか」

つまり、受け手の方から誘導して、送り手の説明の"ブリッジ"を作ってあげるわけです。

(4) 主張・論拠を確認する

相手の説明の主張が不明確、論拠が不十分な場合には説明を求めます。

「以上の理由から、どういう結論になりますか」

「組織体制の見直しという結論に至った理由を具体的に教えてください」

また、理解のために必要な情報があったら、やはり説明を求めます。

(5) 内容を要約する

相手の説明に対する理解を深め、相手との行き違いをなくすために、要所を捉えて内容を簡単に要約するとよいでしょう。話が大きなまとまりで一段落ついたら、そこまでの理解が正しいかどうかを要約して伝えます。

「要するに、段階的に新システムに移行していこうというご提案ですね」

要約することで、自分がしっかり理解していることを相手に伝えられるので、相手はより深い情報を提供してくれます。また、対話のテンポがよくなります。すでに相手の説明を深く理解しているという場合も、オウム返しに近い形で結構ですから、要約を実施するとよいでしょう。

以上の5つのポイントから言えるのは、自分の質問とコメント次第で、相手の説明の変容を迫ることができるということです。

とくに、リスニングがうまくいくかどうかは、質問で決まります。マスコミのインタビュアーや司会者を見ていると、よい聞き手は、質問をうまく使っています。適切な質問を行うことによって、相手から必要な情報を得ると同時に、論点をはっきりさせることができます。

質問には次の4種類があります。獲得したい情報に応じて、4つの質問を使い分けるとよいでしょう。

① **イエス・オア・ノー型質問**……具体的な事柄についての事実関係を確認するための質問で、答えはイエスかノーになります。
 「注文の品は定刻どおり到着しましたか」
② **限定的・事実確認型質問**……具体的な事柄についての事実関係を確認するための質問で、答えは具体的な数値などになります。
 「今期のキャッシュフローはいくらでしたか」

③ **限定的・説明型質問**……具体的な事柄について理由や見解を引き出すための質問。
「なぜこのところ売上が減少しているのでしょうか」
④ **広角型質問**……ある事柄について特定の側面に限定せず、幅広く相手方の意見を求める質問。
「今後の新規事業の見通しをどうお考えでしょうか」

①②では、なかなか発展的な対話に進展しません。相手にたくさん情報を提供してもらうためには、③限定的・説明型質問や④広角型質問を有効に使います。また、対話の初期段階ではあまり話が弾みませんから、最初は簡単な質問で相手に楽に話をさせて、慣れてきたら徐々に難しい質問をするとよいでしょう。

また、質問の中身もさることながら、タイミングも重要です。全体の構造を捉えて、タイミングよく質問するのが聞き上手になるポイントです。

チャレンジしてみよう

あなたが最近聞いたプレゼンテーションや説明を一つ取り上げて、以下を分析してください。
① 最初にテーマを明らかにするよう求めましたか。
② 初期段階で、結論と全体像を示すよう求めましたか。
③ 質問を使って主張と論拠を明らかにしましたか。
④ 要約によって、対話を深くすることに成功しましたか。

付章

ロジカルシンキングを鍛える

最後に、本書全体のまとめを兼ねて、ビジネスパーソンの皆さんがロジカルシンキングをどう鍛えていくべきか、ということについて考えます。

　もちろん本書のテーマはロジカルシンキングを鍛えることですから、第7章までの本文の解説と例題をしっかり読み込み、演習や「チャレンジしよう」に取り組んでいただければ、ロジカルシンキングの能力・スキルは確実にレベルアップするはずです。

　ただし、こうした本を使った学習もさることながら、日常の心がけ、行動が重要です。本を読むのはほんの数時間にすぎませんが、仕事は年間2千時間、家庭での日常生活はその何倍にもなります。この長い時間を漫然と過ごすのと、ロジカルであろうと意識しながら過ごすのでは、大きな違いが生まれます。

　私はコンサルタントとして、いろいろなリーダーの方にお会いしてきました。心から敬服できる優れたリーダーもいらっしゃれば、「なんでこんな人が経営者に？」という方もいらっしゃいました。その大きな違いは、思考がロジカルかどうかでした。ヤマト運輸・元会長の小倉昌男さんも言われているように、優れたリーダーは例外なくロジカルです。なぜなら、リーダーの最大の役割は意思決定であり、意思決定はロジックの積み重ねだからです。

　そして、優れたリーダーと凡庸なリーダーには、日ごろの行動面にも際立った違いがあります。ロジカルであるというのは結果であって、そうなるためには日ごろからの努力の積み重ねがあるわけです。

　ここからは、優れたリーダーの日常の行動やリーダーシップの研究を参考に、ロジカルになるための"7つの習慣"について具体的に考えてみます。

1　世の中の動きに関心を持つ

　ロジカルになるための第一歩目は、世の中の動きに関心を持つことです。

　優れたリーダーは、関心の幅が広く、話題が豊富です。業界・同業他社・顧客の動き、人の異動、技術トレンドといった仕事に関係している事柄はもちろんですが、政治・社会・歴史・文化・芸術といった、直接仕事とは関係ない分野についても、広く関心を持っています。

　関心の幅広さは、仕事のパフォーマンスとは一見無関係なように思えるかもしれませんが、そうではありません。いろいろなことが激しく変化する時代ですから、変化に対して敏感な人、あるいは周りが変化しても変わらない本質が何なのかをわかっている人が、リーダーとして成功するのだと思います。

　京セラの創業者・稲盛和夫さんは、歴史や哲学についての造詣が深く、『人生の王道　西郷南州の教えに学ぶ』という西郷隆盛に関する本を著しています。

　歴史というと、私が長くお付き合いしているある経営者は、仕事の本題の前に必ず歴史の話から始まります。現在起きていること、例えば金融危機が1929年の大恐慌とどう違うか、現在の政治家、例えば安倍総理大臣が歴史上の人物とどう比較できるか、といったことをお話しされます。

　もちろん、関心・好奇心は生まれつきの部分が大きいでしょう。何か変わったことがあったら居ても立ってもいられなくなるという人もいれば、あまり物事に関心を示さないタイプの人もいます。ビジネスの世界では後者のままでは困りますから、意識的に自分を改造します。

　といっても、ものすごい試練を潜り抜ける必要があるわけではありません。ちょっとした心がけによって、大きく自分を変えることができます。まずは無理をせず、比較的関心が持てる身近な事柄から始めるとい

いでしょう。誰しも趣味や嗜好など好きなことがあるはずですから、それを基点に徐々に関心の幅を広げていくわけです。例えば、ゴルフが好きというなら、ゴルフコース周辺の地域経済やゴルフコースの親会社の経営について調べるという具合です。

2　原因と影響を調べる

　優れたリーダーは、世の中に対する関心が広いだけでなく、興味を持ったことをそのまま放置せず、原因や影響を調べる習慣があります。
　いろいろな事柄に広く興味を持つと、当然、わからないことがたくさん出てきます。第3章で学んだように、すべての事柄には原因や影響があります。
　例えば、ガソリン価格に関するニュースを見ると、「日本でガソリンの平均小売価格が全国一高いのはどこの地域だろう？」「なぜ長崎県が全国一高いのだろう？」「離島が多いことが原因だとしたら、なぜ沖縄県はそれほど高くないんだろう？」「ガソリン高で、離島の生活はどうなっているだろう？」という具合に、疑問がどんどん広がります。
　また、原因と影響を調べるだけでなく、第5章で紹介したように、事実から出発して仮説を展開するといいでしょう。仮説を考えることによって、思考の幅が広がります。
　例えば、職場で有給休暇の取得が進まないことが問題になっているとしたら、原因・影響を調べるだけでなく、「（現在、労働基準法第39条で禁止されている）未消化の有給休暇の買い取りを実施したら、有給休暇の取得が進むだろうか」などと、大胆に推論を展開します。
　優れたリーダーは、疑問を放っておきません。文献に当たったり、専門家に聞いたりと、少し手間を掛けて調べ、疑問を晴らそうとします。伊藤忠商事元会長の丹羽宇一郎さんは、ニューヨーク駐在で穀物を担当して

いた頃、相場の見込みが外れて、当時の会社の利益額に匹敵する含み損を抱えてしまいました。それをきっかけに、アメリカ中を車で巡って穀物の畑を見たり、専門家の意見を聞いたりと情報収集に努め、損を取り返しただけでなく、この分野では日本を代表する専門家になったそうです。

できれば丹羽さんのように、疑問を持ったら、その現場を見る癖をつけたいものです。また、深く知りたいなら、その領域についてよく知っている知人・専門家に聞くといいでしょう。会ってお話しするのがベストですが、難しいということでしたら、電話やメールを入れるだけでも十分です。私も経営者の方から、企業経営に関する疑問についてよくお問合せのメールをいただきます。

インターネットが普及し、検索機能も充実し、たいていのことはネット上で簡単に調べられるようになりましたから、疑問を放置する手はありません。ウィキペディアで調べたり、知人にメールを打ったりするのは、時間にすればわずか5分くらいでしょう。大した時間・手間ではないのですが、このホンのちょっとした心がけが長い目で見て大きな違いになります。

3　考えて、持論を形成する

ロジカルな人の3つ目の習慣は、疑問に思ったことを調べるだけでなく、それについて自分の頭で考えて、持論を形成することです。

論語に有名な言葉があります。

学びて思わざれば則ち罔し（くらし）、思いて学ばざれば則ち殆し（あやうし）

人から教わってばかりで自分で考えないようではいけない、逆に独り

よがりな考えで人から学ばないのもいけない、という意味です。さきほどの2はこの言葉の後半を、3は前半を指しています。

疑問に思ったことを調べたり、人から解説を聞いたりして、ただ「ふーん」とうなずくだけではいけません。ロジカルな人はそのテーマについて深く考えて、自分なりの意見、持論を形成します。「私はこう考える。なぜならば……」と説明できる状態です。

例えば、先ほどのガソリンの話でしたら、「離島のガソリン価格問題に対して、安易に補助金を支出するべきではない。なぜならば、安易な補助をすると、業者が流通合理化のために努力しなくなるからだ。ガソリン高騰による島民の生活レベルの低下については、低所得者に対して補助するなど、別の面から支援するべきだ」などと主張します。

有給休暇の話でしたら「労働基準法を改正して、企業に未消化の有給休暇の買い取りを義務付けるようにするべきである。なぜならば、有給休暇を買い取ると、企業にとってはコストアップになるので、業務効率化による有給取得に真剣に取り組むようになるからだ。有給取得が進んで労働者にメリットがあるだけでなく、合理化が進んで競争力を増すので、企業にとってもプラスになる政策転換である」という具合です。

優れたリーダーは、政治・経済・社会・文化といった幅広い事柄に、持論を持っています。新聞の社説などの受け売りではなく、自分なりの言葉で語れること、主張の言いっぱなしでなく、筋の通った論拠を示せることがポイントです。

4　持論をまとめ、持論を公開し、議論を戦わせる

4つ目に、持論を形成するだけでなく、それをまとめて第三者に公開し、議論を戦わせます。

日本人は奥ゆかしいので、せっかく持論を形成しても、それをじっと

胸の中に仕舞い込んでおくか、他人から特別に聞かれない限り披露しないという方が多いようです。しかし、ロジカルな人は、文章などの形できちんと整理し、機会を捉えて積極的に公表しています。また、持論について他人と議論になることを恐れません。

ソニー元会長の出井伸之さんは、社内のイントラネット上に経営方針だけでなく、世の中の動きについての自分の考えを公開していました。全従業員から意見を直接受け付けて、自分自身で回答し、意見を経営方針に役立てていたそうです。

頭の中で考えているだけでは、持論が正しいのか、論拠は適切なのか、といったことがなかなか客観的に判断できません。持論を公開することを意識して文書などにまとめると、論点が明確に整理されます。

さらに、まとめた持論を公にするといいでしょう。勉強会、ホームページ、ブログ、イントラネット、社内報、業界誌といったメディアを使って、意見を公表します。

意見を公にすると、たいてい批判・反論を受けます。的を射た批判もあれば、ピントのずれた批判、感情的な中傷もあるでしょう。始めのうちは、自分の意見に他人からケチをつけられるのは、あまり気持ちのいいものではありません。しかし、他人から批判・反論を受けることによって、自分の考察が浅かった部分がわかります。慣れてくると、反論・批判する相手と議論を戦わせるプロセスを通して自分の考えがブラッシュアップされていくことが実感できるようになるでしょう。

以前は、自分の意見を公にするというのは、マスコミや社会的な地位のある限られた人たちだけに許された特別なことでした。しかし、インターネットなどの新メディアが普及したこと、出版の大衆化のように専門家以外の人が意見を述べる機会が広がったことから、最近は持論を公表することがかなり容易になりました。意見を公開するハードルは低くなっており、チャンスはいくらでもあります。

公表といっても、必ずしも論文や出版物などの形で大々的に世に問う必要はありません。知り合いに少し話してみたり、飲み会で言い合いをしたり、という程度でも構いません。とにかく、一歩でも自分の外に出して他人の目に晒すことが、自分自身の考えを進化させる上で大切なのです。

ロジカルシンキングの能力・スキルが飛躍的に高まるのは、この4の場面です。少し勇気がいるかもしれませんが、意識的にこれを実践するのとしないのでは、大きな差が出ます。もちろん、ただ声高に持論を主張すればいいというわけではありません。「思いて学ばざれば則ち殆し」ですから、1から3までのプロセスを通して得られた持論を披露するところに価値があります。

以下の5、6、7は、ここまで説明した1から4を効果的にするためのポイントとお考えください。

5　ネットワークを構築・維持する

5つ目に、優れたリーダーは、広く人的ネットワークを構築・維持するように努めています。1で述べた、物事に対する関心が広い、深いという中でも、とくに人に対する関心が高いという特徴があります。

私は、知り合いの経営者の方から仕事に関係する専門家や飲食店を紹介してもらうことがあります。優れた経営者ほど、「えっ、そんな人と繋がりがあるの？」というネットワークを持っており、適切な方を紹介していただけます。

組織の中で地位が高くなると、社内のいろいろな部門と調整をしたり、顧客や事業パートナーと協力したりして仕事を進める場面が増えてきます。社外の集まりなどに顔を出す機会も増えます。自然と社内・社外のネットワークが広がってきます。ただ、優れたリーダーは、それと

は別に人的ネットワークを構築・維持するために努力をしています。しばらく会っていない知人にご機嫌伺いの手紙や電子メールを出したり、社外勉強会や学校の同窓会の幹事をしたり、メーリングリストの管理者になったりというちょっとした行動です。同僚・部下などとの飲み会も重要です。

リーダーシップ研究の第一人者であるハーバード大学のコッター教授は、実証研究から、優れたリーダーは執務時間の多くを人的ネットワークの構築・維持に使っていると指摘しています。といっても、特別なことをしなければいけないわけでなく、社内の現場を歩いて従業員に声を掛けたり、顧客と会って雑談したり、という程度でいいそうです。最近、よくMBWA（Management By Walking Around）と言われるように、日産自動車会長のカルロス・ゴーンさんなど近年の優れたリーダーは、現場を歩いて人的ネットワークを構築・維持することを重視しています。

人的ネットワークというと、異業種交流会にせっせと顔を出す人がいますが、名刺の数ばかり増えても仕方ありません。大切なのは人の数ではなく、それがアクティブな(active：活性化された)状態かどうかです。ちょっとしたときに相談したり、意見交換したりできるようなアクティブなネットワークであることが大切です。アクティブな関係にある人と接すると、知的な刺激を得ることができ、思考力が磨かれるのです。

6　固い本を読む

6つ目は、思考能力を必要とする固い本を読むことです。

各種統計によると、日本人の読書量は近年大幅に減っています。必要な情報はたいていインターネットで入手することができるようになったからだとも言われますが、そもそも文字離れや"思考離れ"が進んでい

るような気がします。

　たしかに情報を集めるだけなら、速報性・網羅性・低コストなどインターネットの方がはるかに勝っています。しかし、われわれは情報収集のために本を読むわけではありません。本を読むことによって、著者の主張を知り、批判的に自分の考えと比較することで、自分の考えを形成することができます。思考のきっかけ、考える材料を得るための読書は、いつの時代でも非常に重要です。

　優れたリーダーは、忙しい合間を縫って実によく本を読んでいます。ファーストリテイリングCEOの柳井正さんは、基本的には夜の接待を断ってさっさと帰宅し、毎日1冊本を読むそうです。ただ読むだけでなく、自分なりに考えて経営で実践することを心がけているとのことです。

　富士ゼロックス元会長の小林陽太郎さんの座右の書は、自動車王ヘンリー・フォードの『藁のハンドル』。フォードが自動車を作ることで資本主義社会に対しどのように貢献したいのかを綴った自伝です。小林さんは、リーダーを目指す若い人たちに古典を読むことを勧めています。

　どうせ本を読むなら、主張性のある固い本を読むべきです。固い本を読むことで、自分の思考が磨かれます。柳井さんのように1日1冊というのは難しいかもしれませんが、まずは週刊誌や漫画雑誌のうち1冊をやめて、月に1冊でも固い本に挑戦してみてはどうでしょう。

　ただ読むだけでなく、自分なりの考えを整理し、レポートにまとめると、読書の効果が倍増します。まとめることによって、自分自身の考えが整理されるからです。難しいということでしたら、「こんな本を読んだよ」と知人に話すことでも構いません。私はリーダー養成の企業研修などで、事前に受講者に指定する文献を読んでもらい、研修で討論する時間を持つようにしています。

7　自分の行動を振り返る

　最後に7つ目は、自分が取った行動を振り返ることです。

　われわれは仕事や日常生活の中でいろいろなことを経験します。工場が操業トラブルになったなど思わぬ失敗をしたり、営業で新規の受注を獲得したなど成功を収めたりします。凡人は、失敗を悲しみ、成功を喜ぶだけですが、優れたリーダーは、経験を冷静に振り返ります。自分の取った行動が正しかったのか、理論や原理・原則と照らして何が違うのか、顧客・会社あるいは世の中に対してどのような影響があるか、といったことを考えるのです。

　振り返りをすると、経験したことについて原理・原則が確立・確認できます。例えばある若手の会計担当者は、決算処理業務において、データ入力に思いのほか時間が掛かった上、販売部門からの在庫データが期日どおりに入手できず、決算の締め切りをオーバーしてしまいました。この場合、原因を調べて、「事前に業務量と全体スケジュールを明らかにし、必要な資料を他部門に依頼してから作業に着手する」という仕事の原則を確認するわけです。

　原理・原則が確立・確認できると、今後同じ失敗をしなくなるだけでなく、新しい事態にも柔軟に対応できるようになります。会計担当者は、決算処理業務だけでなく、税務申告や監査など別の新しい業務でも、この原則によってスムーズに仕事ができます。レヴィンが「**良い理論ほど実践的なものはない**」と語ったように、たくさん経験するだけでなく、経験の背景にある原理・原則を知ることによって、経験のない事態に対応できる実践力が培われるということです。

　といって、時間を掛けて小難しい学問的な分析をせよということではありません。要は自分が取った行動について、「なぜ？」を他人に説明できるかどうかです。もちろん、第1章で紹介したとおり、ロジカルに

「なぜ？」が説明できれば絶対に成功するというわけではありませんが、逆に「なぜ？」がまったく説明できないようでは博打（ばくち）と同じで、成功する確率は低いといえます。優れたリーダーは、成功したことも失敗したことも、かなり古い経験まで自分の行動の「なぜ？」を説明できます。

自分の行動の振り返りというと、日記を書くことを勧める人がいます。5年日記、10年日記など人気があるようですが、個人的には必ずしも日記を書く必要はないと思います。日記を書くのはそれなりに手間が掛かりますし、書いているうちに第三者が読むことを意識したよそゆきの記述になり、実質的な意味がなくなることが多いからです。

それよりも、1日の終わりとか経験したその場その場で頭の中で振り返ることの方が、現実的でしょう。ワタミ会長の渡邊美樹さんは、手帳に書かれたスケジュールをこなすたびに、そのスケジュールを真っ黒く塗りつぶし、見えなくするそうです。終わったことを将来振り返らなくても済むように、その場その場でしっかり振り返るということです。

日記を書くもよし、その場で頭の中で振り返るもよし、方法はともかく大切なのは、5分でもいいので自分の行動を振り返ることです。

以上、優れたリーダーに学ぶロジカルになるための"7つの習慣"を紹介しました。

おそらく、「4　持論をまとめ、持論を公開し、議論を戦わせる」を除くと、一つひとつは、それほど特別なことではないと思います。ただ、実践するとなると意外と難しく、そのちょっとした違いの積み重ねが、長い目で見て大きな違いを生むのです。

読者の皆さんがこれらを一つでも多く習慣にして、ロジカルになり、素晴らしい職業生活を送られることを期待します。

演習の解答・解説

演習1 (P.8)

〔解答〕
・私は山田課長と2人で、後藤さんのお嬢さんに会った。
・私は山田課長のお嬢さんと後藤さんのお嬢さんに会った。
・私は後藤さんのお嬢さんと山田課長の2人に会った。
・私は山田課長と後藤さんの間に生まれたお嬢さんに会った。

演習2 (P.20)

〔解答・解説〕

社長の表現には、大きく2つ問題があります。

一つは価値前提です。「人間というのは、しっかり監視していないとサボってしまう弱い存在だ」としていますが、これは人間の主体性・人間の力を否定する性悪説の価値前提で、広く認められているわけではありません。性善説の価値前提と比べて性悪説がなぜ妥当なのかを明らかにする必要があります。

もう一つは、信頼性です。「不祥事を未然に防ぐためには、厳格な行動監視システムを導入する必要がある」という表現は、従業員を見下した態度で、従業員との距離を作っており、従業員から信頼を得るのは難しいでしょう。

演習3 (P.23)

〔解答〕

主張を別の表現で言い換えているのと同じ状態で、論拠が存在しないので、論理的ではない。

〔解説〕

　最初の「わが社は今後、高齢者層を重点ターゲットにマーケティングを展開するべきだと考える」が主張ですが、問題は次の「なぜならば、これまで高齢者層は十分に顧客開拓できていなかったからだ」の文章です。「なぜならば」と始まっていますから一見論拠を示しているように見えますが、論拠といえません。

　「マーケティング」とは、環境分析し、ターゲットを決めて、商品・価格・販促・チャネルといった具体策を展開する活動で、その中で「顧客開拓」が大きな位置を占めます。下図のように、「顧客開拓」は、「マーケティング」に包含されます。

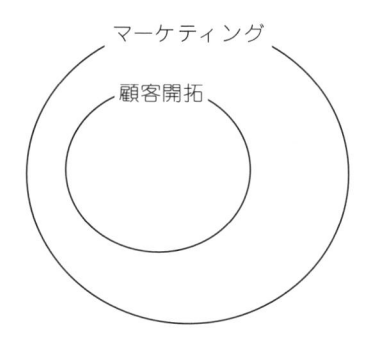

　問題のコメントは、主張「マーケティングを展開すべき」、論拠「なぜなら十分にマーケティングができていないから」というのと事実上同じです。

演習4 （P.27）

〔解答〕

　リーダーには前向きな人が向いている。

演習5 (P.27)

〔解答〕

わが社は発展する。

〔解説〕

この例では原理・ルールが2つありますが、「教育訓練によって従業員の能力が高まる」「従業員の能力が高まると、会社が発展する」の2つは、「教育訓練によって会社が発展する」という1つの原理・ルールにまとめられます。

したがって、

〔ルール〕「教育訓練によって会社が発展する」
〔観　察〕「わが社では、十分な教育訓練が行われている」
〔結　論〕「わが社は発展する」

演習6 (P.31)

〔解答〕

B社は危機的な状況にある。

〔解説〕

帰納法には複数の結論が考えられます。「B社は抜本的な建て直しが必要だ」「B社とは取引をしない方がよい」など、その他の解答も考えられます。

演習7 (P.32)

〔解答〕

① 帰納法

　観　察「A店はライバルX社が進出してからダメです」

観　察「B店も昨年暮れから前年同月比マイナスです」
観　察「他の3店もあまり振るいません」
結　論「全般にパッとしませんね」
② 演繹法
観　察「B店は立地や競合など問題はない」
ルール「店舗の業績は、立地や競合に左右される（省略）」
結　論「もっと行けるはずだろう」
③ 演繹法
観　察「B店は振るわない（省略）」
ルール「店舗の業績に店長が与える影響は大きい（やっぱり店長です）」
結　論「松田店長の指導力に問題ありです」
〔別解〕
観　察「松田店長の指導力に問題ありです」
ルール「店舗の業績に店長が与える影響は大きい（やっぱり店長です）」
結　論「B店は振るわない（省略）」
④ 帰納法
観　察「鈴木は遅刻がちです」
観　察「本田は商品知識が足りません」
結　論「全般に戦力不足です」

〔解説〕
　日常会話でも、かならず演繹法と帰納法を使い分けます。演繹法では、相手との間で共有されている当然の原理・ルールや結論は、コミュニケーションを簡略化するために省略されます。
　②では、「店舗の業績は、立地や競合に左右される」という原理・ルールは、部長と課長にとって当然のことなので省略しています。
　③では、「やっぱり店長です」は、「店舗の業績に店長が与える影響は大きい」と意訳でき、これが原理・ルールです。「B店は振るわない」と

演習8 (P.35)

〔解答・解説〕

① 科学的です。実際に営業スキル研修を実施して、実施前後の営業課の売上成績を比較すれば、営業スキル研修の効果を検証・反証できます。

② 科学的ではありません。「地球は平らで、地球の端の方は滝のようになっている」という主張は、地球を一周するか、宇宙から地球を見ることによって反証できます。中世の頃には、技術的にそういうことはできませんから、反証可能性がありません。一方、現代の技術では反証可能です。つまり、この主張は、中世の頃は「科学的でなく、正しくない」、現代では「科学的だが、正しくない」ということになります。

演習9 (P.41)

〔解答〕

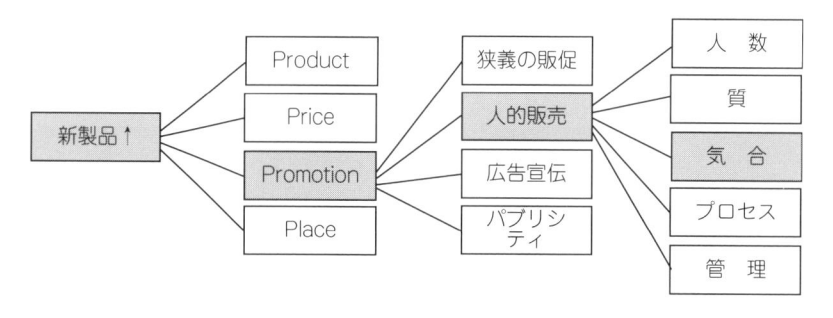

```
新製品↑ ─┬─ Product
         ├─ Price
         ├─ Promotion ─┬─ 狭義の販促
         │             ├─ 人的販売 ─┬─ 人数
         │             │            ├─ 質
         │             │            ├─ 気合
         │             │            ├─ プロセス
         │             │            └─ 管理
         │             ├─ 広告宣伝
         │             └─ パブリシティ
         └─ Place
```

演習10 （P.42）

〔解答・解説〕

　新製品を企画する際に調べたかったのは、一般消費者の中でも主婦を中心とした層でしょう。ところが、株主総会の出席者は、資産家、高齢者が多く、主婦とはかなりずれた層（まったく異なるわけではありませんが）でした。そのため、「高級素材を使った、あっさり味の和風プレミアム・ソーセージ」というやや特殊な要望が出てきたと考えられます。

　この関係を図示すると、次のようになります。

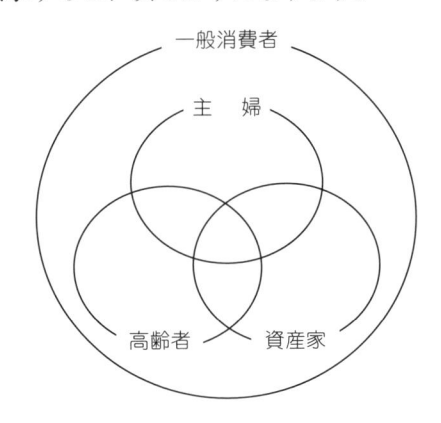

```
        ┌──── 一般消費者 ────┐
              主　婦

         高齢者    資産家
```

演習11 （P.44）

〔解答〕

　結論部分「マクロ的な視点で考えると、やはり相対的に恵まれた職業生活を過ごしてきた中高年を積極的に切り捨てて、若年層の雇用確保を推進するべきでしょう」を、「若年層の雇用確保を推進するべきでしょう」に短縮します。

〔解説〕

　このコメントは典型的な帰納法の論理展開です。最初のセンテンスは、「世間では中高年のリストラが話題になっていますが」と切り出し

ていますが、テーマは「若年層の失業」であると示しています。その後の生涯賃金、教育訓練、犯罪という事実は、すべて若年層に関する事柄です。したがって、そこから得られる結論は、若年層の失業に関することであるべきでしょう。

別解としては、「中高年を積極的に切り捨て」という論理の飛躍を埋めるための情報を追加します。たとえば、「中高年は生産性が低い割に給料が高い」「ITなど新しい技術の習得に消極的で、職場の改革を阻害している」といった事実を挙げることができれば、論理が繋がります。

演習12 (P.48)

〔解答〕

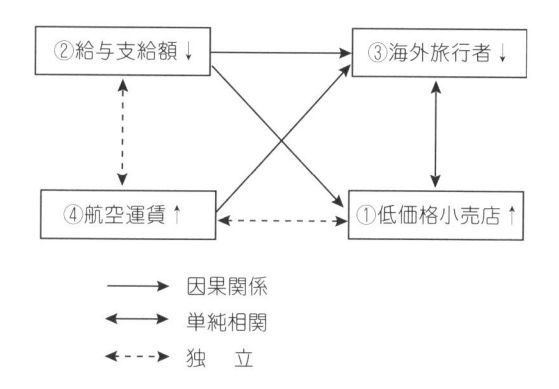

```
②給与支給額↓ ────→ ③海外旅行者↓
     ↕                    ↕
     ⇣                    ⇣
     ↕         ╳          ↕
④航空運賃↑ ←┄┄┄┄→ ①低価格小売店↑

    ────→   因果関係
    ←───→   単純相関
    ←┄┄┄→   独　立
```

演習13 (P.53)

〔解答〕

相関係数　0.9675

予測値　　79

演習14 (P.57)

〔解答〕

「W大の学生は優秀」と「W大のOB・OGは社会で活躍」は、下のようなニワトリと卵の関係にあります。

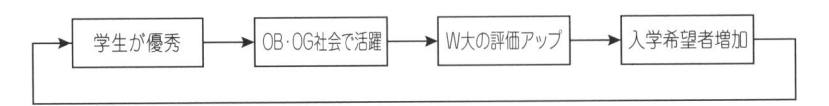

```
→ 学生が優秀 → OB・OG社会で活躍 → W大の評価アップ → 入学希望者増加 ─┐
└─────────────────────────────────────────────────────────────────┘
```

それぞれに対して、学長は下のような手を打つことができます。

「学生が優秀」に対して
・授業・カリキュラムの充実
・優秀な教員

「OB・OG社会で活躍」に対して
・就職支援
・OB・OGのネットワーク

「W大の評価アップ」に対して
・広告宣伝
・人気スポーツ強化

「入学希望者増加」に対して
・入試の多様化
・奨学金制度

〔解説〕

学生が卒業してOB・OGになりますから、時間的先行性から「学生が優秀」→「OB・OG社会で活躍」という因果関係だけを想定しがちですが、上記のようなニワトリと卵の関係を認識し、それぞれに対応策を検討します。

演習 15 （P.58）

〔解答・解説〕

　経営コンサルタントは、「子供の数」と「ボーナス支給額」の関係を「子供の数」を原因とする因果関係と捉えていますが、実際には単純相関だと思われます。年功的な人事制度を採っている企業では、年齢が高いと高い役職につき、高いボーナスが支給されます。また、年齢が高いと子供の数が多い可能性が高いでしょう。

　したがって、「子供の数」と「ボーナス支給額」は、年齢・経験を第三因子とする単純相関と考えるのが自然なのです（因果関係の可能性がないとは言えませんから、詳しくはさらに調べる必要があります）。

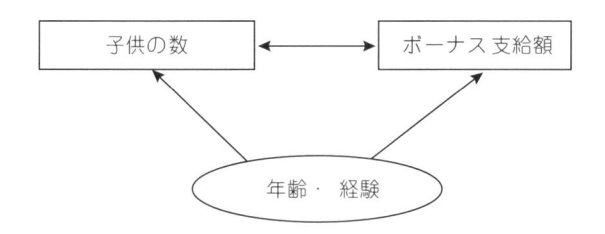

```
┌─────────┐         ┌──────────────┐
│ 子供の数 │ ◄─────► │ ボーナス支給額 │
└─────────┘         └──────────────┘
     ▲                     ▲
      \                   /
       \                 /
        ╲   ┌────────┐  ╱
         ╲  │年齢・経験│ ╱
            └────────┘
```

演習 16 （P.64）

〔解答〕

- 「外車」「国産車」
- 「大型車」「小型車」
- 「大衆車」「高級車」
- 「所有」「リース」
- トヨタ、日産、ホンダ、GM などメーカーによる分類
- 使用エネルギーによる分類、など

演習 17 (P.64)

〔解答〕

◎ 4P による分類

　「Product」　　　③ ⑤ ⑦
　「Price」　　　　① ⑧
　「Promotion」　 ⑥ ⑨
　「Place」　　　　② ④

◎買い手の反応による分類

　「好意的」　　　② ③ ⑦
　「批判的・要望」① ④ ⑤ ⑥ ⑧
　「中立」　　　　⑨

演習 18 (P.68)

〔解答・解説〕

　この企業では、現在の対象市場を一般機械事業部と特殊機械事業部でカバーしています。そこに海外事業部を作ると、一般機械の海外販売と特殊機械の海外販売があるでしょうから、ダブリが生じます。モレはないがダブリがある状態で、MECE ではありません。

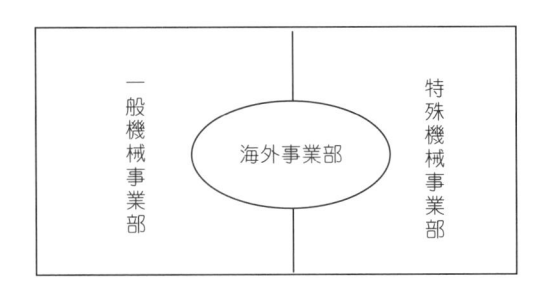

```
┌─────────┬───────────┬─────────┐
│  一般    │            │  特殊   │
│  機械    │ ╱海外事業部╲│  機械   │
│  事業    │ ╲          ╱│  事業   │
│  部      │            │  部     │
└─────────┴───────────┴─────────┘
```

演習19 (P.70)

〔解答〕

- Politics……リサイクル法、古物商免許の規制緩和
- Economy……賃金減少→低価格品へのニーズ
- Society……実質主義の価値観、エコロジー
- Technology……品質向上、再生技術

演習20 (P.73)

〔解答・解説〕

　経理課長がコメントした「経理業務の効率を上げること」と「国際会計基準の関係各部への周知徹底を図ること」の2つは、ディメンジョンが異なります。「経理業務の効率を上げること」よりも、「国際会計基準の関係各部への周知徹底を図ること」のディメンジョンが低くなっており、アンバランスな状態です。

　国際会計基準の他にも、例えば「J－Sox法」のように他に新たに導入された制度があったとすれば、「新しい制度への対応」が「経理業務の効率を上げること」と同じディメンジョンになります。

　この関係を図示すると、次のとおりです。

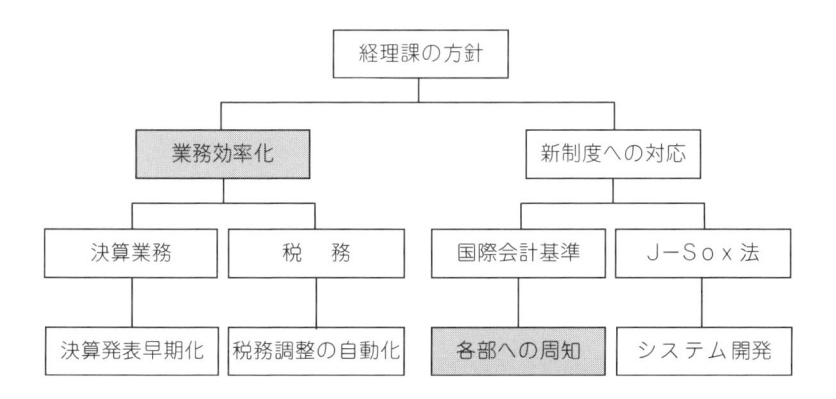

```
                経理課の方針
              ┌──────┴──────┐
          業務効率化          新制度への対応
         ┌────┴────┐         ┌────┴────┐
      決算業務   税務    国際会計基準  J－Sox法
         │        │           │          │
     決算発表   税務調整    各部への周知  システム開発
     早期化   の自動化
```

経理課長は、業務効率化の内容を具体的に示すとよいでしょう。あるいは、課の大きな方針を示すことが目的ならば、「業務効率化」と「新制度への対応」という2つを挙げます。

演習21 (P.77)

〔解答〕

4

〔解説〕

事実からはいろいろなことが推論できますが、予備知識などを使って推論するのが普通で、事実だけから確実に推論できることは、意外と限られます。

1は、世間一般の人はそれほど英語が得意でないという予備知識が前提にあります。

2は、商社では海外で英語を使って仕事をする機会が多いという予備知識が前提にあります。

3は、商社マンとして恵まれているかどうかは、商社マンについての予備知識がなければ判断できません。

4は、あまり面白みのある推論ではありませんが、事実から確実に言えます。

5は、将来の予測なので確からしくありません。

演習22 (P.79)

〔解答〕

① 後任の社長が選ばれるだろう。
② 後任社長は、どのような経営をするかあまり準備ができていないだろう。

③ 経営に混乱が生じるだろう。
④ 前社長に不祥事や体調悪化があったのだろう。
⑤ 社長は経営に対する意欲を失っていたのだろう。
（あくまで解答例とお考えください）

演習23 （P.80）

〔解答〕

・団塊の世代は人数が多い。
・団塊の世代は高い技能を持っている。
・製造業では、これまで技能の伝承が行われてこなかった。
・製造現場の技能は暗黙知的で、伝承が難しい。

演習24 （P.82）

〔解答〕

A「成果主義」が原因でB「モチベーション低下」が結果、という因果関係を確かめるために以下を調べる。
・成果主義と社員のモチベーションの連動具合
・モチベーション低下と成果主義導入の時間的順序
・社員のモチベーション

B「モチベーション低下」に対してD「成果主義見直し」が主張（解決策）として有効であることを確かめるために、成果主義以外に有効な解決策がないかどうかを調べる。

C「成果主義は他社でもうまくいっていない」をD「成果主義見直し」サポート材料にするために、以下を調べる。
・当社の成果主義と他社の成果主義の類似性
・他社がうまくいかなかった理由

・他社は成果主義をやめて効果があったのか

〔解説〕

ABCDの関係は、次のように推察できます。

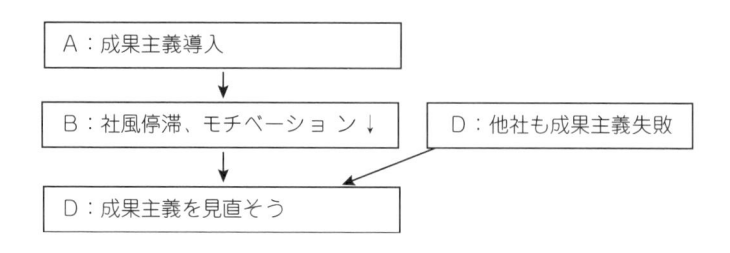

```
┌──────────────────┐
│ A：成果主義導入     │
└──────────────────┘
          │
          ▼
┌──────────────────────────┐    ┌──────────────────────┐
│ B：社風停滞、モチベーション↓ │    │ D：他社も成果主義失敗 │
└──────────────────────────┘    └──────────────────────┘
          │                              │
          ▼                              │
┌──────────────────────┐  ◄──────────────┘
│ D：成果主義を見直そう │
└──────────────────────┘
```

「→」が成り立つかどうかを厳密に確かめるには、解答のようなことを調べます。

演習25 (P.83)

〔解答〕

6,000億円〜8,000億円

〔解説〕

これは、難問です。データ収集が難しい個人・零細教室が多いので、正確な統計はありません。いろいろなアプローチが考えられますから、1とおりだけでなく試行錯誤するとよいでしょう。

常識的には、受講者数×受講者1人当たり単価をまず思いつきます。

受講者数300万人×受講者1人当たり単価20万円＝7,000億円

あるいは、トップ企業のシェアから推測することもできます。業界のトップ企業は倒産したNOVAで、売上は約700億円。トップ企業のシェアは、業界への参入障壁によって決まり、資本の必要性、法的規制、技術などによって決まります。英会話はこれらがいずれも低いので、小売業並みにトップ企業のシェアは10％程度だろうと推測できます。

トップ企業の売上 700 億円 ÷ シェア 10％ ＝ 7,000 億円

演習26 （P.89）

解答省略

演習27 （P.98）

〔解答〕

緊急に対処すべき、見える課題
　① 債権保全策（小沢課長に指示。以下すべて指示）

その後に対処すべき、探す課題
　② 与信管理システムの改善
　③ 引継ぎの方法見直し

創る課題
　④ 小沢課長と林課長に、②と③を共同で実施させ、他の事業部門にも展開

〔解説〕

　この状況では、時間軸を考慮して課題を形成し、対処します。

　まず緊急的には、①債権保全策を講じて、貸倒れの被害を食い止めることが必要です（見える課題）。

　ただ、それだけではいけません。こういう事態になった原因を追求し、対処する必要があります（探す問題）。これだけ不良債権が膨らんだのは、担当者の責任もさることながら、②与信管理システムにも問題があったと考えられます。また、小沢課長と林課長の③引継ぎにも問題があったでしょうから、対処します。

　さらに、問題を、組織をよくするきっかけと積極的に捉えます（創る課題）。管理のあり方だけでなく、部内のコミュニケーションにも問題

がありそうですから、②③を小沢課長と林課長に協力して解決させることによって、部内の協働のレベルを高めます。また、他部門にもよく似た問題がある可能性がありますから、検討結果を他部門に展開します。こうした課題を取り上げることによって、つまり、問題が発生することによって組織がよりよい状態になります。

演習28 （P.103）

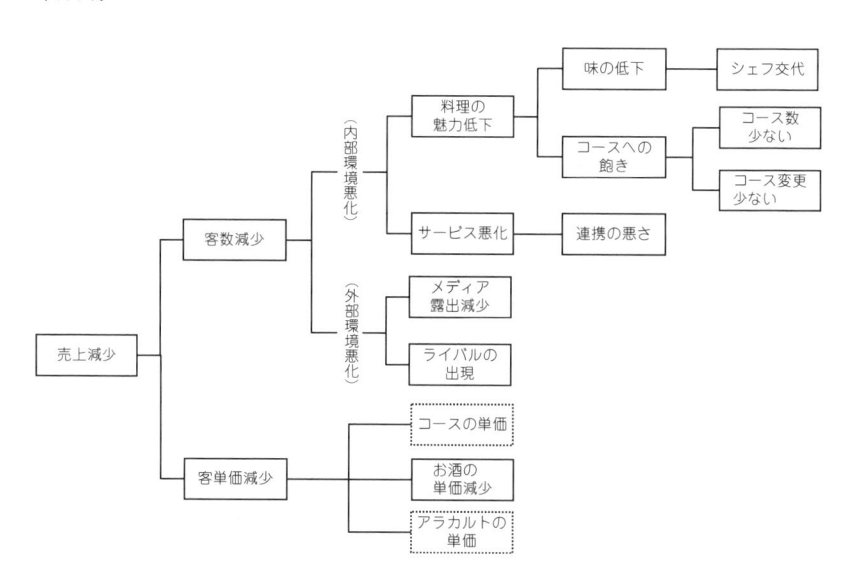

〔解答〕

```
売上減少 ─┬─ 客数減少 ─┬─(内部環境悪化)─┬─ 料理の魅力低下 ─┬─ 味の低下 ─── シェフ交代
          │             │                 │                   └─ コースへの飽き ─┬─ コース数少ない
          │             │                 │                                       └─ コース変更少ない
          │             │                 └─ サービス悪化 ─── 連携の悪さ
          │             └─(外部環境悪化)─┬─ メディア露出減少
          │                               └─ ライバルの出現
          └─ 客単価減少 ─┬─ コースの単価
                         ├─ お酒の単価減少
                         └─ アラカルトの単価
```

演習29 (P.107)

〔解答〕

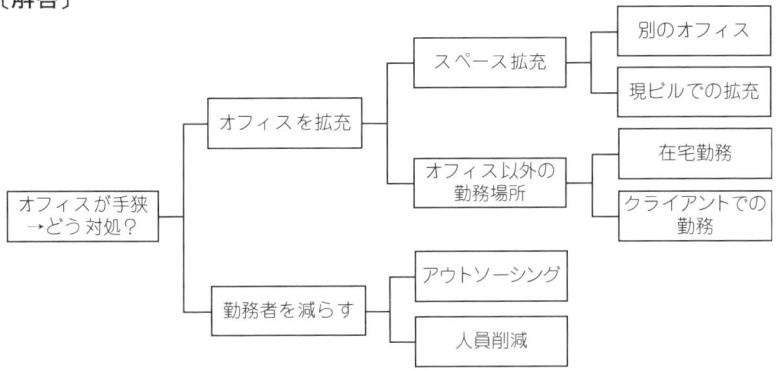

```
オフィスが手狭 ─┬─ オフィスを拡充 ─┬─ スペース拡充 ─┬─ 別のオフィス
→どう対処?    │                │              └─ 現ビルでの拡充
              │                └─ オフィス以外の ─┬─ 在宅勤務
              │                   勤務場所       └─ クライアントでの勤務
              └─ 勤務者を減らす ─┬─ アウトソーシング
                               └─ 人員削減
```

〔解説〕

　MECEを意識してツリーを作ります。この時点では、現実性を考えず、考えられる方法をすべて列挙するとよいでしょう。

演習30 (P.112)

〔解答〕

　この状況をデシジョンツリーで整理すると、次のようになります。

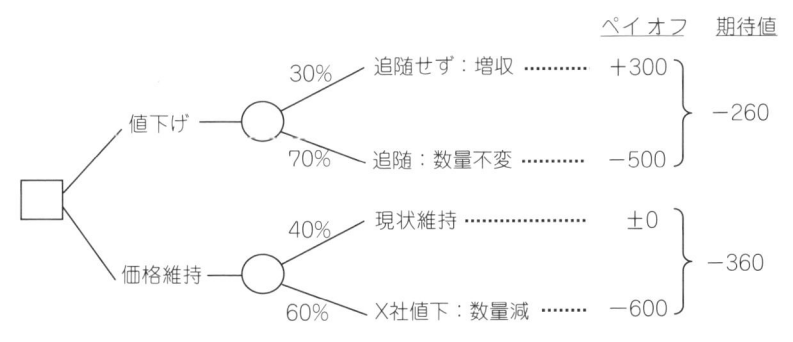

```
                          30%   追随せず：増収 ………  +300 ┐
          値下げ ──○                                    ├ －260
                          70%   追随：数量不変 ……… －500 ┘
□
                          40%   現状維持 …………………  ±0  ┐
          価格維持 ──○                                   ├ －360
                          60%   X社値下：数量減 ……… －600 ┘
```

　ペイオフ　期待値

　値下げをした場合の収入の期待値は△260百万円です。

　　（増収800 － 値下500）× 30％ + （増収0 － 値下500）× 70％ = △260

一方、値下げをしなかった場合の期待値は、△360百万円です。

　減収0 × 40％ +（減収△600 × 60％）= △360

どちらの場合も減収ですが、値下げをした方が減収幅を小さく抑えられますから、値下げを実施するべき、という結論になります。

演習31　(P.122)

〔解答〕

| 件　名 |

サンノウ工業からの追加要請（至急）

| 目　的 |

同社から仮受注した生産管理システムの全面更新について、受注条件の変更を要請されたので、ご報告したい。また、部内での予算について、ご検討をお願いしたい。

| 内　容 |

・今週、同社システム部長から以下の3点の要請を受けた。
　① 前回の提示額4,000万円から30％値引き
　② サーバー保守サービスを3年間無料
　③ 納期を2カ月短縮
・以上の条件を当社が受けない場合、特命発注から競争入札に変更するという。
・来週当社の回答を先方に提示する必要があり、追加要請に伴う採算性の変化について至急詳細な検討を行いたい。
・課長には、部内での予算についてご検討をお願いしたい。
・なお、同社は今後も販売情報システムの更新など大型案件が控えており、本件の受注の確保が重要である。

〔解説〕

出題では、背景から時間順に説明していますが、主張→論拠の順序で構成します。また、「件名」と「目的」で何を言いたいのか伝わるようにします。

演習32 (P.128)

〔解答〕

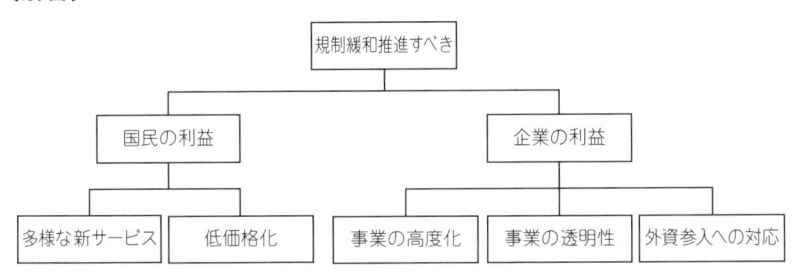

```
                    規制緩和推進すべき
                   ┌──────┴──────┐
              国民の利益            企業の利益
            ┌────┴────┐      ┌──────┼──────┐
       多様な新サービス 低価格化  事業の高度化 事業の透明性 外資参入への対応
```

（あくまで解答例とお考えください）

演習33 (P.132)

〔解答〕

私は、このたび当社の社員が談合違反の容疑で摘発されたことを大変残念に思う。

演習34 (P.133)

〔解答〕

競合のS社は、このところ低価格戦略に転換しつつある。これは、昨年、当社が新製品を出してからシェアを伸ばし、ますますリーダーの地位を強固なものしていることによる。

〔解説〕

　問題文では、シェアを伸ばし、リーダーの地位を強固にしているが、Ｓ社なのか当社なのかわかりません。

　解答では当社であるとしていますが、Ｓ社とする解答も考えられます。いずれにせよ、文章を分けて、関係を明らかにします。

演習35　(P.135)

〔解答〕

　最近わが社でも、メンタルヘルス問題を抱える社員が増えています。会社では、専門家相談窓口の設置など制度面の対応を進めていますが、職場での日常のコミュニケーションを深めることが最も大切だと私は思います。(99字)

〔解説〕

　問題文では、「このところ」と「最近」、「メンタルヘルス」と「心理的な健康面」、「増加傾向」と「広がっている」、「会社では」と「社内的に」、「まず」と「第一に」、「私の考えでは」と「思います」、「日常的な」と「日ごろから」が重複表現です。また、「専門的な技能を持ったスペシャリスト」は、簡潔な表現に変えることができます。

演習36　(P.137)

〔解答〕

　金融業界では、1990年代から自由化・規制緩和が進行したことや系列や業態による棲み分けが崩れたことによって、競争が激化している。また、外資企業の参入が増加した結果、各金融機関はますます困難な経営を強いられている。以上を受けて、撤退・合理化を余儀なくされる企業も多く、今後も厳しい状況が予想される。

演習 37 （P.141）

〔解答〕

1. 開く
2. あとで開く
3. 削除、またはあとで開く
4. 削除
5. 削除
6. あとで開く
7. 削除
8. 開く、またはあとで開く
9. 開く

演習 38 （P.143）

解答省略

〔解説〕

「500件」「2700件」「70％」といった数字、「三角合併」「持ち株会社方式」「戦略提携」「ポストマージャー・インテグレーション」といったキーワード、さらに箇条書きの部分と下線部分を拾って読むだけでも、だいたい何が書いてあるかは掴めるでしょう。

おわりに

　読み終えて、いかがでしょうか。
　おそらく、心地よい疲れとともに、「ああ、日ごろあまり頭を使っていなかったんだな」と思われたのではないでしょうか。
　われわれは、当然考えながら仕事をしていますが、その「考える」というのは、何となくボンヤリ物思いをしたり、直感的・反射的に思いついたりという程度のことが多いと思います。それでも、日常の仕事はそれほど困ることなく進みます。
　しかし、直面する情報が増え、対処すべき問題が複雑化し、対人関係がローコンテキスト化すると、勘と経験だけではうまくいきません。しっかり考えた上で行動する必要があります。
　私は、コンサルタントや企業研修・社会人大学院の講師として、これまでたくさんのビジネスパーソンとお会いしてきました。仕事で大きな成果を出し、充実したキャリアを築いているかどうかは、「考える」ということにどれだけ真剣に向き合ってきたかということです。
　本書の冒頭でも少し触れましたが、「考える」作業は習慣と学習で確実にレベルアップします。もともとの頭の良さが関係ないわけではありませんが、それよりも「考える」ことを心がけ、研鑽に励んでいるかどうかが大切です。
　よく私は、研修や講義の最後に、「もう半歩の努力」というメッセージをお伝えします。ここで言う「もう半歩の努力」とは、毎晩10時まで頑張っている方に「もう30分余計に残業しろ」というのではありま

せん。一日の終わりにホンの少しでも、自分がその日に経験したことを振り返り、抽象化・相対化してほしいということです。

　一生懸命に仕事に取り組み、何とか成果を実現し、「やれやれ一日無事に終わったな」とビールを飲んでそのまま寝てしまう人。一方、成果を出すだけでなく、一日に経験したことを振り返り、「会社全体や自分のキャリアにどういう意味があるのか」「理論的に正しいやり方だったか」「他社だったらどういうやり方をしただろう」と考える人。時間にすると5分くらいの違いですが、この5分を習慣化している人と、そうでない人は、長い目で見てビジネスパーソンとして大きな差がつきます。

　人は経験によって学び、成長します。本書の読者の皆さんが「もう半歩の努力」を心がけ、考えることによって、素晴らしいビジネスライフを送られることを期待します。

　最後に、本書の出版にあたり、産業能率大学出版部の栽原敏郎氏・福岡達士氏に大変お世話になりました。記して感謝を申し上げます。

索　引

【あ行】

AIDMA　70
イッシュー　91, 96, 97, 98
因果関係　v, 45, 46, 47, 48, 49, 50, 52, 54, 55, 57, 81, 103
MBWA　157
エレベーター・テスト　127
演繹法　iv, v, 21, 24, 25, 26, 27, 28, 29, 31, 33, 37, 38, 39, 76

【か行】

蓋然性　55, 56, 78
科学的　35, 36
仮説　4, 6, 34, 35, 36, 76, 77, 85, 152
キー・メッセージ　124, 125, 126, 129
擬似相関　49, 52, 81
帰納法　21, 24, 25, 28, 29, 31, 33, 37, 38, 41, 43, 44, 76
QCD　69
クールヘッド　ウォームハート　19
クーン　36, 37
クライテリア　61, 63, 64, 65, 73, 74, 121
グルーピング　61, 62, 63, 64, 65, 67, 68, 100, 103
KKD（勘・経験・度胸）　9
コッター　157

【さ行】

サブ・メッセージ　124, 125, 126, 129
3C　69, 71
時間的先行性　49, 51, 52, 81
思考の三原則　75, 85, 86, 98
情報化のパラドックス　6

推論　v, 13, 14, 15, 75, 76, 77, 78, 79, 80, 84, 87, 152
SWOT　69, 71, 95, 98
ストラテジック・フィット　108
ゼロベース思考　75, 87
選択的認知　117, 118
相関係数　50, 53
相関性　47, 49, 50, 52, 81
相関分析　50
総合　13, 14, 37

【た・な行】

第三因子　53, 55, 58
代表性　41, 42, 44
単純相関　45, 47, 48, 52, 54, 55, 58
抽象　13, 14
ディメンジョン　61, 71, 72, 73, 74, 103, 106, 121
デシジョンツリー　74, 91, 95, 110, 111, 112
独立　45, 47, 48, 50, 54, 55
トップダウン　113, 125, 127, 128, 130
ニワトリと卵　54, 56, 57

【は行】

ハイコンテクスト　8, 132
Howツリー　74, 91, 95, 105, 106, 107
パラダイム　36, 37, 84
パラレリズム　121, 122, 123
反証　30, 34, 35, 36
反証可能性　35, 36
比較　13, 14, 47, 72
ヒト・モノ・カネ　69
標本　29, 42

5フォース　　70
ファクトベース　　34, 79, 82
フェルミ推定　　82, 83
ブリッジ　　122, 123, 146
ブレーン・ストーミング　　87, 89
ブレスト　　87, 88, 89, 95, 100, 103, 106
分析　　13, 14, 37, 45, 46, 47, 62, 76
PEST　　70
母集団　　42
ボトムアップ　　125, 129, 130
ポパー　　36
Why So　　125
Whyツリー　　74, 91, 95, 101, 102, 103, 105, 106, 107
Whatツリー　　74

【ま・や行】

メイン・メッセージ　　124, 125, 126, 129
MECE　　61, 65, 67, 68, 73, 74, 103, 106, 121
問題意識　　97, 98, 117
安岡正篤　　85
4P　　70, 71

【ら行】

利害関係者　　11
連動性　　45, 47, 48, 81
ローコンテキスト　　7, 8, 9, 10, 115, 132
ロジックツリー　　61, 73, 74, 91, 102
論理接続詞　　131, 135, 136, 137
論理展開　　iv, 21, 22, 24, 28, 29, 31, 37, 39, 62
論理ピラミッド　　73, 74, 113, 121, 124, 125, 126, 128, 129, 131

著者紹介

日沖　健（ひおき　たけし）

日沖コンサルティング事務所・代表、産業能率大学（総合研究所・マネジメント大学院）・講師、中小企業大学校・講師。
経営戦略・経営計画のコンサルティング・研究・企業研修を行う。
慶應義塾大学卒、Arthur D. Little School of Management 修了 MBA with Distinction、日本石油（現・JX日鉱日石エネルギー）勤務を経て、2002年より現職。

〔著書〕
『コンサルタントを使って会社を変身させる法』同友館（2000）
『戦略的トップ交代』NTT出版（2001）
『戦略的事業撤退』NTT出版（2002）
『成功する新規事業戦略』産業能率大学出版部（2006）
『リーダーの問題解決法』同友館（2008）
『問題解決の技術』産業能率大学出版部（2010）
『歴史でわかるリーダーの器』産業能率大学出版部（2011）　他
『変革するマネジメント』千倉書房（2012）
『全社で勝ち残るマーケティング・マネジメント』産業能率大学出版部（2013）

【連絡先】hiokiti@soleil.ocn.ne.jp

実戦ロジカルシンキング
―ビジネスの場で実践できる思考法を身につける―　　〈検印廃止〉

著　者	日沖　健	©Takeshi Hioki, Printed in Japan 2008.
発行者	坂本清隆	
発行所	産業能率大学出版部	

東京都世田谷区等々力6-39-15　〒158-8630
　（電　話）03（6432）2536
　（FAX）03（6432）2537
　（振替口座）00100-2-112912

2008年11月30日　初版1刷発行
2022年 4月15日　　　 5刷発行

印刷所／渡辺印刷　製本所／協栄製本

（落丁・乱丁本はお取り替えいたします）　　ISBN978-4-382-05599-5
無断転載禁止